湛庐 CHEERS

与最聪明的人共同进化

HERE COMES EVERYBODY

CHEERS
湛庐

简单的逻辑学

[美] D. Q. 麦克伦尼（D. Q. McInerny） 著　　赵明燕　译

BEING LOGICAL

A Guide to Good Thinking

浙江科学技术出版社 · 杭州

你拥有逻辑思考力吗?

扫码激活这本书
获取你的专属福利

扫码获取全部测试题及答案
一起了解妙趣横生的
逻辑思考方式

- 事实可以被认为是客观的，也可以被认为是主观的。这是对的吗?

  A. 对

  B. 错

- 在逻辑学中，每个论证都由两个基本要素组成，一个“前提”和一个“结论”。这是对的吗?

  A. 对

  B. 错

- 在推理过程中，怀疑通常是有益的。因此，我们要把怀疑论作为一个长久的态度。这是对的吗?

  A. 对

  B. 错

扫描左侧二维码查看本书更多测试题

BEING LOGICAL
A Guide to Good Thinking

中文版序

亲爱的读者：

《简单的逻辑学》被译成中文出版，我感到非常开心、非常荣幸。回想起来，当初我还曾为此事是否合适而感到迟疑过。但现在若你问我写作《简单的逻辑学》的动机是什么，我准备告诉你们有两点：首先，是我对逻辑学的单纯热爱；其次，我坚信逻辑学非常重要，它的基本原理能被越多的人掌握越好。多年来，我都在大学中教授逻辑学，而我使用的教材也是我自己撰写的一本书：《基础逻辑入门》(*An Introduction of Foundational Logic*)。这本书谈论的主题与《简单的逻辑学》相似，但要更加深入、更加全面。给大学生们讲授逻辑学是一件令人愉悦的事，因为他们通常都有强烈的兴趣，并渴望学习。然而，美国的大学生却很少愿意选择逻辑学这个专业。此外，美国的高中课程往往也缺乏逻辑学。这种情况尤为不幸，因为在我看来，高中时期是青少年学习逻辑学容易获益最大的阶段。我认为，逻辑学应该成为高中阶段的基本课程。

我写作《简单的逻辑学》还有一个特殊原因，就是把它呈献给大众读者，让它进入每个人的日常生活中。我为什么认为这件事很重要呢？因为我真的相信，逻辑是每个人都要掌握的。它不应该被视为一种专业知识，仅面向少数人。逻辑意味着清晰且高效地思考。那么，无论在职业生涯还是日常生活之中，又有谁不需要清晰且高效地思考呢？但是，“清晰且高效地思考”到底是什么意思？简而言之，它是指我们能够发现真理，思维连贯、前后一致，并且能够将我们的多个发现整合起来，彼此不冲突。但更准确地说，“清晰且高效地思考”意味着我们的思维要受到基本逻辑规律的规范和引导，即像书中强调的那样，要符合逻辑。

在哲学中，我们经常会区分理论理性与实践理性。这种区分并不意味着我们有两种不同的理性，或两个分离的大脑，而是指我们的同一个大脑会用不同的方式思考问题。我们追求某些知识的时候，并没有其他目的，就是为了知道而知道，这种知识的价值是内在的，它们属于理论理性的领域。还有另一种知识是有用的，我们能够将其“投入工作之中”，这种知识属于实践理性的领域。在这里，逻辑学便属于实践理性领域。它是一门卓越的应用科学，在我们每天的生活里都有着直接的运用。

需要重点说明的是，还有一种逻辑学，被称为符号逻辑

(symbolic logic)或数理逻辑(mathematical logic)。自20世纪起，这种逻辑学引起了越来越多人的关注，更受到了学术研究者的青睐。这种逻辑学极有价值，但由于它十分抽象、形式化，且不使用日常语言，因而对一般人并没有用，不能帮助他们在日常生活中思考问题。而《简单的逻辑学》中介绍的逻辑原理则被称为传统逻辑或经典逻辑，这种逻辑学基于现实主义哲学。现实主义强调常识，并承认客观世界真实存在。我们通常会说，逻辑关注真理，但这句话更准确的意思是：逻辑关注我们如何可靠、持久地把握客观事物的规律（客观事物的真实存在方式）。

当你看到我在书中为了说明逻辑规律而举的例子时，或许会有些困惑，而这就像看到不熟悉的美国文化一样。但是，你们千万别被那些例子所干扰。你们真正应该关注的是逻辑规律，并且我有信心，即便没有任何例子，你们也能读懂那些规律。因为这些规律是普遍性的，它们不属于任何特定的民族或文化，既不是东方亦不是西方的私有财产，而是属于所有追求理性的人。就理性推理而言，我脑中浮现出的最典型的四个规律便是：同一律、矛盾律、排中律和充足理由律。

《简单的逻辑学》以现实主义哲学为基础，即承认客观现实和规律。在我自己的学习过程中发现：数个世纪以来，作为世界上最古老和珍贵的文化之一，中国文学和哲学始终彰显着现实主义的传统，即通过经验、常识总结出最重要的客观事实，并为人们（无论他处于什么地位）表达自己的主张提供所需要的证明。生活在两千多年前的哲学家王充曾经写道："凡论事者，违实不引效验，则虽甘义繁说，众不见信。"[①]王充当时所言，到了今天仍然同样有意义。它反映出了一个现实主义哲学家的立场：遵守基本的逻辑规律，相信"有逻辑地思考"意味着正确地看待客观世界与规律，并忠实地为其辩护。

祝，阅读愉快。

P.S. 编辑希望在书中放上我的照片，但我的所有书里都没有照片，所以很抱歉。谢谢你们喜欢我的书！

D.Q. 麦克伦尼

① 参见《论衡 · 知实篇》。大意是：大凡论述事理的人，如果违背了事实而不举出证据，那么，即使道理讲得再动听，说得再多，大家也还是不相信的。——编者注

BEING LOGICAL
A Guide to Good Thinking

前言

逻辑学的主题是清晰高效地思考。它既是一门科学，也是一门艺术。这本书的目的是向读者介绍逻辑学的基本原理和技巧。

我们知道有些人非常聪明伶俐，但他们的逻辑性却不是很突出。他们有逻辑思考的潜能，也就是说，具备清晰高效思考的能力，但是这种能力显然还没有成为其日常生活的习惯。造成这种状况的原因可能是因为他们进行逻辑思考的能力从来没有被系统地培训过，这是他们所受教育中的缺陷。实际上，逻辑学是良好教育的真正支柱。虽然在目前的教育体系中，逻辑学很少被提及，但不可否认的是，它的确是一门有益于学习其他各门学科的基础学科，例如语言学、科学、历史、数学等。

一些读者，尤其是那些第一次遇到严肃的逻辑学问题的读者，可能会对大量的专业术语和频繁使用的象征性符号反感。但是，人们没必要被这种第一印象吓倒。我尽最大努力将所要处理的技术问题通过尽可能简单易懂的方式表达出来（虽然不可能尽善尽美）。同时，我也尽量避免落入简单化的陷阱。因为低能的逻辑将不再是逻辑。另外，一些读者可能会误以为书中只是过多强调了显而易见的事实而将它弃之一旁。在这本书中，我确实用了很大的篇幅强调一些简单的事实，但这是有意为之。在逻辑学中，显而易见的事实是被强调得最多的，因为我们经常对之视而不见。我通常选择明确的而非隐含的事实，并且花许多笔墨对其进行分析，这是因为我遵从历史悠久的教学原则——做尽量少的假设。

逻辑学作为一个整体，是个宽广、深奥、精彩纷呈的领域，如果本书的读者因为这本小书而对这个领域有了更多的了解，我将非常欣慰。这本书既没有刻板的理论教条，也不是正规的教科书——如果它能对教学有所裨益，我也会非常高兴。总之，我的目的很简单。我的首要目标是写一本现实应用指南，向那些初次接触逻辑学的人介绍逻辑学的基本原理。**《简单的逻辑学》期待造就实践者，而不是理论家**。理论要联系实际。

为了更好地服务于日常实践，在叙述中，有些地方我采取了不是那么委婉的方式。很多时候，我更像一个教练或是班主任，在用教导的口吻告诉我的读者应该怎么做。在本书中，我将逻辑学分为5个部分，就是书中的5个章节，每章都以前面章节的知识为基础。

第1章是准备，介绍了要成为一个逻辑思考者需要搭建的思想框架。接下来两章是逻辑学的核心，探讨如何建立正确的逻辑思维，第 2 章阐述了贯穿逻辑思维的基本原理，而第 3 章的重点是论证逻辑思维的具体表现形式。第 4 章探讨了非逻辑思维的根源。第 5 章，围绕谬误——非逻辑思维的主要形式展开论述。

最后，我要将我的敬意和感谢献给一本发人深省的小书《风格的要素》（*The Elements of Style*），作者是威廉·斯特伦克（William Strunk）和 E. B. 怀特（E. B. White）。这本书是我写《简单的逻辑学》的灵感来源。我不奢望可以达到如斯特伦克和怀特那般卓越的成就，只希望这本书可以在某些方面帮助读者建立正确的思维模式，就像《风格的要素》在写作方面所做的那样。我衷心地希望通过这本书，可以让读者意识到逻辑学的重要性，使他们在合乎逻辑的思考中体会到快乐和满足。

BEING LOGICAL

A Guide to Good Thinking

目录

第 2 章 逻辑学的基本原理 / 027

第 3 章 论证：逻辑学的语言 / 055

A Guide to Good Thinking

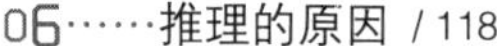

A Guide to Good Thinking

A Guide to Good Thinking

BEING LOGICAL

A Guide to Good Thinking

第1章 学习逻辑学的思想准备

首先，学会逻辑意味着我们要对语言保持高度敏感，并且掌握有效运用语言的技巧，因为逻辑和语言是密不可分的。其次，学会逻辑意味着我们要对所生活的世界保持正确的认识，因为逻辑关涉现实。最后，学会逻辑意味着我们要深刻理解主观认识与客观存在相互作用的方式，因为逻辑要反映真理。在本书的第一章，我将着重讨论这些认识、观点、实践是如何促成逻辑产生的。

逻辑是智慧的开端，而不是终点。

伦纳德·尼莫伊
好莱坞著名导演、演员、编剧

01 全神贯注

许多错误的产生源于我们注意力不够集中，尤其是在面对相似的情景时。相似性使得我们忽略眼前的实际情况，对应该关注的地方视而不见，草率地得出结论。一般情况下，我们总是想当然地认为相似的情景只不过是对之前经历的简单重复。但从严格意义上来讲，世界上没有两片绝对相同的叶子。每个情景都有它的特殊性，而我们必须对此特殊性保持敏感。

俗话说，观察是知识的重要来源，这正说明注意力是有价值的。注意力要求我们对所处的每个环境以及组成环境的每个要素都作出敏捷主动的反应。全神贯注与被动接受是不兼容的。不要对周边的事物漠然处之，要用心去看，用心去听。学会关注细节，不因事小而疏忽。古语有云：不积跬步，无以至千里。

02 确认事实

事实是既成的，它独立于我们的观念而存在，所以有其客观性。我们需要主动去认识事实，一旦我们忽略事实的存在，它就会露出狰狞的面目。

事实的客观存在有两种基本形式：事物和事件。事物即存在的实体，如动物、蔬菜、矿藏等。例如，可以把“白宫”看作事物的代表，把“林肯被刺”看作事件的代表。事物是比事件更基础的存在形式，因为事件是由事物组成的，或者是由事物的表现形式组成的。在美国白宫举行国宴，首要条件是存在美国白宫和其他相关事物，否则这个事件就不会存在。无形事件的存在基础是有形的事物。

要确认事物的存在，你只须实地去考察。如果它真实存在，就一定存在于某个地方；如果这个地方是你可以到达的，就可以通过直接观察来确认它的真实性。以“白宫”为例，为了证明白宫并非只存在于你的想象之中，你可以去华盛顿旅行，亲眼看看它，这是最直接也最可靠的方法。不过，你也可以通过间接方法来证明。例如，从值得信赖的人口中证实白宫确实存在于华盛顿特区，或者以照片为证也是个有效的方法。

但是，对于类似“林肯被刺”之类的事件，如何证明其真实性呢？我们说这是一个事实，依据是什么？这个事件年代久远，我们无法直接找到证人求证。显然，我们自己不能证明其真实性，直接证据法已然失效。在这种情况下，我们只能求助于一些可以作为间接证据的事物。例如，官方记录（警局记录和死亡报告等）、当时的报纸、照片、回忆录、日记、国会档案等，所有这些不同领域的资料只能用“林肯被刺”是事实来解释。在这些史料的基础上，我们确认了此事件的真实性，由此，我们确认了一个历史事件的存在。

事实（fact）可以被认为是客观的，也可以被认为是主观的。**事物和事件都是客观的，它们都存在于公众领域，原则上可以为每个人所获得**。主观事实受限于其主体对它的体验。例如，头痛就是一个主观事实，如果我体验过头痛，我就有第一手资料证明其真实性。但是，如果是你头痛，我就只能听你描述头痛的情形来间接地建立我对头痛的概念。因此，主观事实的真实性完全依赖于体验主体的可靠性。

让我们来总结一下如何直接确认事实：如果某个事物是我们可以亲身体验的，最可靠的方法就是亲自投身其中，获得第一手资料。如果没有条件获得第一手资料，我们就必须严格考察所获间接资料的真实性及可靠性，在此基础上确认事物的真实性。

现实生活中，我们能亲身体验的重要公共事件非常有限。这就意味着，在大多数情况下，我们必须依靠间接证据。同间接求证一个事物真实性的方法一样，在利用间接证据求证一个事件真实与否时，我们必须投入足够的注意力，因为认真审查证据来源的真实性及可靠性是最重要的。

源于主观体验的主观事实，在通常条件下是自动呈现的。但是，由于人脑中的自我错觉或理性化思维机制，人们甚至可能无法确认关于他们自身的事实。

由于主观事实得以确认的基础是对其他当事人完全信任，所以你必须首先考虑是否对其他当事人完全信任。

03 观念与其对象

我们大脑中的每个观念最终都源于对事物的描摹，而真实存在的事物却独立于观念之外。观念是对客观事物的主观反映。**正确观念忠实地反映其对象的客观秩序，与之相反，错误观念则是对客观世界的歪曲表达。**

虽然我们对观念的控制力有限，但并非无能为力。因此，我们在面对错误观念的时候也并非无计可施。我们可以通过检验观念与其对象的关系来确认观念正确与否。如果某一观念与其对象的对应关系扭曲或脆弱，我们就可确认该观念是错误的。

我们只能通过观念来了解世界，但并不能因此就认为我们只能把握观念。观念是人类认知的工具，而非最终目的。观念是人与外部世界之间的桥梁，正确观念能使此桥固若金汤。而最有效的确认观念正确与否的方法，是透过观念本身去观察其所表现的对象。

04 留意观念的本源

欣赏自己的观念是人之天性，因为我们大脑所产生的想法就像自己的孩子，但这种观念产生的根源只能是其对象在外部世界的际遇。归根结底，观念的本源依旧是独立于人脑意识的客观事物。

与事物接触得越多，对它的理解就越深刻；对事物的理解越深刻，观念就越清晰。如果我们认为观念是不依靠客观事物的无根之花，就永远不可能真正理解它。理解观念的关键点在于，理解它在外部世界的本源。

越是忽略观念的客观本源，观念就会变得越不可靠。如果超过了一定的限度，客观与主观的联结纽带就会断裂。到那时，我们看到的外部世界只是大脑的创造品，而非世界本身的面貌，观念将与世界脱节。

当我们说“确认事实”的时候，并不是说把这个关于现实的观念在大脑中确立起来。如我们所知，大脑中的观念是主观的范畴，而我们所关注并意欲确认的事实，却是客观的范畴。要确认事实，我们必须绕过观念直接观察外部世界。如果我们成功地为观念在外部世界中找到了对应物，那我们就确认了一个事实。

我的大脑中有一个特定的观念，我称之为“猫”，其对应物是现实存在的猫。但是，如果我的大脑中另有一个观念“牛头马面”，它就没有对应的现实事物。类似“牛头马面”的观念就是主观事实，因为它仅存在于我的大脑中。

05 观念联系事实

人类认知主要由 3 部分形成：（1）客观存在的事物；（2）事物在大脑中的反映；（3）我们为其创造的语言，借之我们才能与他人交流。以猫为例，首先要有一只猫，然后才会确立关于猫的观念，随后才有“猫”这个大家认可的词。所有一切都来源于猫的客观存在，如果没有这个客观存在，就无所谓关于猫的观念和语言。我已经强调过正确反映客观事物的主观事实都是清晰明确的。我们这里又讲到，所有观念在客观世界中都有其特定的本源。现在，我们必须深入探讨，观念与客观事物如何发生并非简单的联系；接着，我们将解决这个问题：错误观念是怎样产生的。

有时观念与客观事物之间的联系直接明了，就如我们举例中的猫，我们称之为**简单观念**。符合我们大脑中“猫”的定义的是一种特殊的、毛茸茸的、会“喵喵”叫的动物。简单观念相对容易验证，因为它所对应的客观事物只有一个。比如我们提到的猫，它所包含的意思是明确而具体的。

与简单观念相对应，**复杂观念**指的是那些与客观事物并非一一对应的观念。这种观念在客观世界中通常具有多个来源。例如民主，它是明确具体的观念吗？至少从潜意识上来说，是的，因为我们可以把它联系到客观世界。但是民主的内涵有其丰富的来源：人物、事件、宪法、立法行动、旧制度以及新制度等。如果我要和其他人讨论民主问题，为了避免因走入主观主义的歧途而无法与别人沟通，我讨论的必然是现实中大家都明白的事物。我必须不断地涉及现实中的种种事件，而这些事件即民主内涵的现实土壤。

我们如何解释那些错误观念的产生呢？**错误观念即对客观事物偏离本源的错误反映**。没有任何观念可以完全脱离客观世界，即便是最荒谬的想法。但是观念与客观世界的联系可以变得遥远而难以捉摸。错误观念已经偏离了事物的本源，它或许不能提供客观事物的真实情况，但却可以反映出产生错误观念的人的精神状态。错误观念是我们在应该全神贯注时却麻痹大意的产物，是我们对客观世界作出一厢情愿的假设的结果，它只能由我们自己负责。

06 将观念付诸语言

正如我们所看到的，首先是事物，然后产生观念，最后出现语言。即使一个观念清晰明确而且忠实地反映了客观事物，为了方便交流，我们也应该用语言表达出来。**观念必须和语言紧密切合，人们才能顺畅交流**。然而，给观念找到合适的语言并不是一个自发的过程，这一工作通常具有挑战性，我们不是都有词不达意的经历吗？

我们如何确认自己找到了合适的语言？这个过程实际上与我们确认某个观念是否清晰明确的过程一样，必须寻其根源——客观事物。很多时候，我们不能清楚表达我们的观念，仅仅是因为没有完全了解自己要表达什么。所以，回头重新审视观念的外在来源，厘清思路，合适的表达将随之而来。

有时，语言和观念的结合是完美的。在这种情况下，语言和观念完全切合，它们都忠实地反映了客观事物，这种情况通常存在于简单观念中。例如我说：这座纪念碑是由花岗岩砌成的。我这里所指的纪念碑确实是由花岗岩砌成的。这种情况下，语言和观念完全统一。同样的原则也适用于复杂观念，尽管它比简单观念复杂得多。为了保证所运用语言的精确性，必须回归语言的本源——客观事物。

为了能准确地表情达意，我们的最终目的如下：**语言要忠实表达出客观事物的本来面貌，从而使我们的沟通有坚实的事实基础**。仅仅用语言表达相应的观念是不够的，它还应该用来表达明晰正确的观念。或许我坚信“小人国”的存在，对它有全面的想象。或许我可以用丰富多彩的词语来表达那些想象，但它们只能揭示我的思想状态，而不是现实的真实情况；它们揭示的只是主观事实，而不是客观现实。

07 有效沟通

语言和逻辑是密不可分的，它们之间的紧密联系，我们可以通过回顾语言和观念之间的关系将其看得更清楚。尽管专家们对这个观点颇有争议，但我们似乎还是可以对一个只存在于大脑中的观念不赋予明确的词语。然而在任何情况下，只要我们试图与别人就某个观念进行沟通，语言就必然是不可或缺的。而且，就如前文所述，语言和观念的匹配度越高，沟通就越清晰、有效。

语言和观念的匹配仅仅是沟通最基本的一步。下一步是为观念建立连贯的陈述。如果我对你说“猫”或者“狗”，你的反应必然是静听下文。你一定想知道，“猫”或者“狗”怎么了？虽然你明白我说的词语的含义，但是你不知道我说这些词语到底是想表达什么。我仅仅是简单地说出了词语，但没有说任何相关的信息。只有同时将相关的信息阐述出来，我们才可以作出积极或消极的反应。注意，如果一个人只说了一个词“狗”，对此我们无法作出真假判断。但是如果一个人说出某件和狗关联的事情，比如，停车场里有只狗，我们就可对此作出真假判断。**在逻辑学中，陈述有其特定的含义，它是语言上的特定表达方式，只针对可以作出真假判断的命题。**

词语被称为语言的基石，而逻辑的基石是命题。因为只有在命题的层面上才涉及真假问题，而逻辑本身就是发现真相并将其从谬误中分离出来的学问。在命题易于理解的时候，我们可以轻易分辨出真假。但是，如果命题本身表达得含混晦涩，我们就会面临双重问题。因为我们必须先找出命题本身的含义，然后才能作出真假判断。由此可知，清晰有效的表达非常重要。

思维混乱不可能带来有效沟通。如果一个人连自己在想什么都不明白，又怎么能够清楚地表达给别人听？然而，明确的观念也并不会自动地保证有效沟通。或许我很清楚自己要说什么，但是很可能一张口就词不达意，表述混乱。

以下是一些能够带来有效沟通的基本原则：

不要想当然地认为你的听众会领悟你没有直接表达的意思。

问题越复杂，这个原则越重要。有时，我们想当然地认为听众和我们一样了解问题的背景信息，可以牢牢把握所要讨论的问题，但实际上，可能很多听众对这些信息根本一无所知。当我们拿不准的时候，最好能清楚地讲明背景信息，唠唠叨叨总比挂一漏万强。

说完整的句子

逻辑中最常见的是陈述句，陈述句类似于命题。如果我说“狗”“海龟”“7 月下跌的股票价格”“那座印第安纳石灰岩建筑的正面”，你可能会猜测我在试图把不同的观念联系在一起。但是，你不知道它们是如何产生联系的。这是因为我没有作出完整的陈述，完整的陈述需要用完整的句子。例如“那只狗攻击那只海龟”“7 月下跌的股票价格使小王很丧气”“那座印第安纳石灰岩建筑的正面被那群流氓严重地损坏了”。

不要把主观看法当作客观现实

泰山位于山东省中部——这是个基于客观现实的命题，它要么是真的，要么是假的。但是如果我说泰山是秀美的，这个命题就糅合了主观和客观两个方面的因素。在这种情况下，我们绝不能对主观命题的真假作出随意的判断，就像我们刚才所做的那样。客观命题的真假判断是没有争议的，但主观命题有。如果我想让某个主观命题被大家接受，我就必须为它做论证。

避免使用双重否定

在西班牙语中，双重否定用来加强语句中的否定意义。在英语中，双重否定相互抵消，句子表达的是肯定的意思。有时候，这会带来困扰，因为语句表面上听起来是否定，但实际上是肯定。为了避免歧义，最好直接表达本意，不要使用双重否定句。不要说，“这里不是不欢迎她来”，应该直接说，“这里欢迎她来”。

根据对象选择合适的语言

如果你是个物理学家，在一个学术会议上与其他物理学家讨论“测不准原理”，你可以自由地运用你的专业术语。但是，如果你是在向一群普通人解释这个原理，就必须用比较通俗的语言，以方便大家理解。不要对外行人使用业内行话，沟通的关键是理解。沟通时最忌讳两件事：一是对人讲话态度傲慢；二是故作高深，让人云里雾里。

这里很重要的一点是，如果不了解听众的背景，你就无法选择合适的语言及表达方式。因此，你所要做的第一步，就是要对听众的组成及其背景作出准确的判断。

08 避免使用模糊和多义的语言

模糊和多义是制约有效沟通的两个典型因素。英语中的 vague（模糊）来源于拉丁语中的 vagus（恍惚）；ambiguous（多义）的来源可以追溯到拉丁语中的一个动词 ambigere（徘徊）。模糊和多义的语言并不明确表达这个或那个特定的观念，而是游走于不同的观念之间。它们共同的缺点是没有一个固定的无可争议的内涵。

一个词语的指代物不明确，它就是模糊的。会让我们不知道这个词语到底指的是什么。看如下两个命题："人们不喜欢那样的音乐"和"他们说他将不参加连任的竞选"。对第一个句子，大家的自然反应是："什么样的人？什么样的音乐？"第二个句子，大家也会问："他们是谁？"在此两例中，由于缺乏准确的信息，我们都不能确定句子中到底说的是什么。像这种情况，完整的表达应该是这样的："圣弗朗西斯科音乐学院毕业的人们不喜欢西部民间音乐"和"人民党选举委员会的候选人宣布他将不再参加竞选"。在这种情况下，我们才可以针对一些明确的东西作出反应。

通常，一个词语的使用越普遍，它的含义就越模糊。**避免产生歧义的方法是，让你所使用的词语尽可能有针对性地反映出你的本意，以便读者或者听众不用费心去猜测你所说的到底是什么**。如果你想说的是摇椅、古董椅、牙科医生专用椅或电椅等，在你谈到这些东西时，不要笼统地称之为椅子，要用定语做限定。一般情况下，听众可以根据你所讲事物的前后承接关系来判断出你现在讲的是什么，但是如果你自己拿不准，就加上特定的定语。

类似于"爱""民主""公平""善良""邪恶"这类词语，它们本身的含义就是不明确的。不仅仅是因为它们没有确定的所指，更是因为它们的含义太广泛了。因此，即使两个人用同一个词语（比如"爱"），其含义也可能大相径庭，甚至背道而驰。这就是为什么在使用这类词语的时候，必须对其作出准确的理解。在你试图说服别人某件事情是不公平的之前，你要告诉他们你是如何定义不公平的。

多义词（在逻辑学上称为双关语），顾名思义，它一般包含多重含义，且无法根据上下文判断出在所讲事物中到底反映的是哪种含义。一条林间小径的路口竖了一块路牌，上面写着：熊向右（bear to the right）。这可以从两个方面理解。比较可能的理解是，这是提醒旅行者不要向左，要向右走。但是，假如设立此路牌的人恰好是相反的意思，那么他是在提醒路人，在右边的路上有一只灰熊，请大家不要向右走。护林人语言一时的不谨慎，很可能会带来灾难性的后果。避免造成歧义的唯一方法就是，尽可能清楚地表明本意，就像刚才的例子，应换成如下说法："向左走，不要向右走，那里有熊出没。"

09 避免闪避式语言

尽量直抒胸臆，降低听众对你所要表达的意思产生误解的可能性。但这并不是在建议你要口无遮拦，一个人应该将简练与优雅完美地结合起来。

语言中，委婉表达是很重要的。但是我们必须小心，不要使委婉的语言成为信息缺漏的根源。例如，设想一个词语叫“终极方案”，用来掩盖一个罪恶的灭绝人类的计划。闪避式语言不能直接地表达出演讲者或是作者脑中的真实想法，它带来的危害是双重的。首先，很明显的，它可以欺骗听众；其次，无形中它将对使用者造成有害的影响，扭曲他们对现实世界的感受。使用者塑造语言，同时语言也塑造使用者。如果持续使用扭曲现实的语言，我们会逐渐相信自己编造出来的虚假世界。这就是语言的力量。

为了标新立异，青少年喜欢使用耸人听闻的语言。但是，即便如此，如果它可以解开观念的困惑，使人们看到真相，同样胜过闪避式语言。

10 真相

所有的逻辑推理，所有的论证，目的只有一个：找出某个事物的真相。这是个艰巨的任务，因为在有些情况下，真相是难以捉摸的。但不探寻真相更荒谬，因为**真相是我们所有努力的意义所在**。那种真相永远是可望而不可即的想法同样荒谬，因为它否定了我们所有的努力，使之看来毫无理性，毫无意义，使真相沦落为妄想。

真相有两种基本形态，一为本体真相，一为逻辑真相。其中，本体真相更为基础。所谓本体真相，指的是关乎存在的真相。某个事物被认定是本体真相，如果它确实是，则必然存在于某处。桌上有一盏灯，这是本体真相，因为它确实是在那里，而不是幻象。本体真相的对立面是虚假的幻象。

如你猜测的那样，逻辑真相是逻辑学家直接关注的真相形式。逻辑真相仅仅是关乎命题的真理性。更宽泛地说，它是在我们的思维和语言中自动呈现出来的真相。让我们仔细考察一下逻辑真相的概念，后文将证明它是极其重要的。

我们回忆一下前文提到的命题的定义：一个可以作出真假判断的语言表述。肯定一个命题就是判断它为真，反之亦然。

一个命题如果真实地反映了客观事物，那么它就为真。例如一个命题说，一艘船泊在码头上。如果这里确实有一艘船，确实有一个码头，而这艘船确实泊在码头上，那么这个命题就是真的。一个真命题的作用就是以语言为媒介，将大脑中的观念（主观事实）与相应事物的真实状态（客观事实）联结起来。上例中，如果那个命题所说的与现实情况并不相符，则命题就是假的。

在任何特定的情况下，对真相的确认都要去检查别人所认定或推测所得的真相在现实中是否存在依据。确认真相就是要达到主观与客观的统一。但是这里我们所要关注的焦点是事物的客观情况。如果我不能确认一个命题的真假，比如说“狗在车库里”，那么我仅仅在大脑中反思狗、车库或者其他相关概念是无助于解决这个问题的，我得亲自到车库去看看。从这一点也可以清楚地看出，为什么我们说本体真相更为基础。**决定命题真假的依据是现实情况，而逻辑真相是建立在本体真相的基础之上的**。

让我们来看看谎言。其实，撒谎是一个心理问题而非逻辑问题。当人们撒谎时，脑子里其实很清楚现实世界中真相是什么，而在表述时却有意地欺瞒篡改。用符号来表示就是说，你知道“A 是 B”，但你说出来的却是“A 不是 B”。

逻辑真相，如我们所见，反映的是命题内容与客观事实之间的关系。所以，对真相的本质的理解就顺理成章地称为符合论。另一理论——融贯说，则从属于符合论。

融贯说意指，如果一个命题与某个已经得到证明的理论或思想学说一致（相融贯），那它就是真的。以爱因斯坦的相对论为例，如果说某个关于物质世界的特殊命题是真的，那是因为它与相对论是一致的。使这个命题逻辑上正确的正是相对论本身，因为相对论被认为是真实地反映了物质世界客观规律的理论，它与真实的物质世界是相符合的。我们可以看到，融贯说如果想成立，必须依靠符合论，因为符合论更为基础。

我们应该注意到，依据融贯说得出来的结论可能是非常荒谬的，因为它所仰赖的基础并非客观世界中的现实情况，而是某种理论或思想学说。而任何理论或者思想学说都可能是错误的，或者已经过时，与现实世界并不相符。

> 语言逻辑应该以事实逻辑为基础。
>
> **路易斯 · D. 布兰代斯**
> 美国联邦最高法院大法官

BEING LOGICAL

A Guide to Good Thinking

第2章 逻辑学的基本原理

逻辑学可以被认为是一门科学、一门艺术，或者一项技能，它也完全可以被认为是这三者的综合体。逻辑学必须有其自身的基本原理，用来规定它的范围，指引它的方向。在本章中，我们主要探讨这些基本原理，但侧重点是其实际运用而非理论来源。我们的目的是让你吸收理论的精华，把它变成你的第二本能，随时应用到生活中，而无须刻意地去想理论。

逻辑是对思想的剖析。

约翰·洛克
英国唯物主义哲学家

01 基本原理

任何科学都是由包含基本原理的知识组成的。任何科学的基本原理都是这门科学赖以建立的最基础的事实，在此基础上才能衍生出其他的各项活动。逻辑学，作为一门科学，同样有它的基本原理。但是，逻辑学的特别之处在于，它的基本原理不仅是关于逻辑学本身的，而且和所有的科学都有关系。事实上，逻辑学的覆盖范围更为广泛，这是因为它适用于人类理性的因果推理，尽管有时人们并不运用逻辑来思考。也就是说，逻辑学的基本原理和人类理性的基本原理是一致的。

逻辑学（人类理性）的基本原理有 4 个。在此，我们最关心的是矛盾律，但是为了行文方便，还是先来看看其他 3 个原理吧。

同一律

表述：事物只能是其本身。

解释：现实世界是丰富多彩的，它由不计其数的个体组成，并且每个个体都是独一无二的。一个事物只能是其本身，而不能是其他什么事物。苹果就是苹果，不会是橙子，也不会是香蕉或者梨。

排中律

表述：对于任何事物在一定条件下的判断都要有明确的“是”或“非”，不存在中间状态。

解释：一个事物，它要么存在，要么不存在，没有中间状态。“桌上有一盏灯”这句话要么是真要么是假，没有别的可能。我们或许要问：变化过程中的事物怎么解释？介于是与不是过程中的中间状态存在吗？答案是：不。没有纯粹的变化，变化都是事物的变化。处于变化中的事物仍然属于事物的范围。一盏仍处于制作过程中的灯还不是灯，只是灯的组成部分已经存在了，灯的“变化”依赖于这些存在的零件。从绝对意义上来说，没有正在变为的事物，从无到有之间没有通道。

BEING LOGICAL A Guide to Good Thinking

莱恩通过刻苦的练习，不断地向一个更成熟的音乐家迈进。如果莱恩不存在，她就不能正向一个音乐家迈进。关于人的存在，并没有一个从无到有的“变为”状态。莱恩的变化是相对的，而不是绝对的。她不是正在变化成为莱恩，而是变化成为更成熟的音乐家莱恩。

重申一下，**排中律的基本思想是：不存在中间状态**。我们所说的“变化”不是从无到有的通道，而只是目前已存在的事物的内部变化。

充足理由律

表述：任何事物都有其存在的充足理由。

解释：这个原理也可以被称为因果原理。它所体现的内容是宇宙万物的存在都有其充足根据。这就暗示着宇宙中的事物都不能自我解释，没有什么事物是其自身存在的原因（如果一个事物是其自身存在的原因，这就意味着它要先于自身而存在，这显然是很荒谬的）。一个事物之所以被称为另一个事物的起因，是因为：（1）它解释了为什么另一个事物存在；（2）它解释了为什么另一个事物以这种或那种特定的方式存在，即存在方式的由来。

BEING LOGICAL A Guide to Good Thinking

拉里的父母是她存在的原因，没有他们，拉里就不会出世。拉里的高中网球教练是她成为一名优秀的网球运动员的原因。教练是拉里作为特定方式存在的原因，在这个例子中，这个特定方式就是优秀的网球运动员。不同于给了拉里生命的父母，教练带来的是拉里生活状态的改变。当然，可能还有很多原因促使拉里成为一名优秀的网球运动员，教练只是其中之一。

矛盾律

表述：在同一时刻，某个事物不可能在同一方面既是这样又不是这样。

解释：这个原理可以被看作是同一律的延伸，如果X是X（同一律），那么在同一时刻，它就不能是非X（矛盾律）。状语“在同一方面”指的是存在方式。同一时刻一个事物在不同的方面既是又不是，并不矛盾。例如，你可以在同一时刻人在纽约，心在3 000千米以外的旧金山。但是，你不能同时身在纽约和旧金山，这就是同一方面。针对同一个事物，如果出现两个完全相反的命题，则它们是相互矛盾的。例如：

A）汉密尔顿是华盛顿的内阁成员。

B）汉密尔顿不是华盛顿的内阁成员。

这两个命题不能同时成立。如果一个成立，另一个必不成立，反之亦然。如我们所知，A是正确的，则B就是错误的。

英文单词中的contradiction（矛盾）衍生自拉丁文的两个词根——contra（相反的）和decere（讲话），其含义就是自身反对自身，因为它所描述的一些东西不符合客观事物的本身情况。因此，避免矛盾就是避免谬误。如果说逻辑学的第一要务是反映真相，那么很明显，消除真相的对立面是最重要的事情。

有时我们会身陷矛盾而不自知，这是因为我们忽略了它所代表的客观事物。如果我们可以不为此疏忽负责，那身陷矛盾是可以原谅的。但是如果我们要对某个重要的事物作出深思熟虑的论断，就必须确认事物的真相是什么。这就可以联系到前文提过的全神贯注的重要性。

有时我们会有一些自相矛盾的看法，并且自己也知道这一点，至少在某种较深的意识层面上是如此。如果在意识的表层，经常有一些明显相互矛盾的观点，大部分人都会觉得不自在，如坐针毡。例如，我不能一方面对自己说“我对斯蒂芬说了很多谎话”，另一方面却对自己说“我从来没对斯蒂芬撒过谎”。假设第一种情况是真的，我往往会压制第二种想法。另一种允许自己坚持与事实不符的说法是人为有意的，他们故意将观念与事实割裂开来，不去考察观念与事实之间是否相符。这种态度用语言表达就是：不要用事实烦我，我已经决定了。这种脑力活动无须太多的理性思考，显而易见，逻辑在这里也完全没有用武之地。这种非正常的推理为谬误提供了辩解服务。

我们已经介绍了逻辑学的基本原理，我猜这里其实没有什么新的可以让你从根本上感到震惊的东西。因为这些原理所表达的真相，拥有理性的人类早就在生活中运用自如了。关于基本原理还有其他一些值得一提的东西。**首先，基本原理是不证自明的**。就好像当你第一次读到矛盾律时，可能会一时迷茫，但是当你看到它所包含的内容时，你的直觉反应一定是：当然是这样。

其次，基本原理的另一大特点是，它是不能被证明的。这跟它是不证自明的有关。它不是由某些前提条件得出来的结论，它的存在不依赖先行的事物。这是因为基本原理反映的是绝对基础的事实，它们是人类意识行动的首要基础。

以充足理由律为例。我不能证明这个世界上每个事物都有其存在的理由，我也没有必要去证明。因为通过我所认识的世界的运作方式，我认为这是一个显而易见的真相。我要么明白它，要么不。如果人们认为科学的基本原理需要证明而不能直接被接受的话，科学根本就不会前行，它将永远停留在原地。

02 灰色地带及人为灰色地带

灰色地带是指真相不能被清晰确认出来的情况。生活中充满了这种情况，我们不得不打起精神来面对它们。但是，我们不要制造太多的灰色地带。有些人太过于关注生命中的灰色地带，以至于他们逐渐使自己相信生命中除了灰色地带就没有别的什么了。虽然现实中确实存在部分这样的情况，但我们必须明白，大部分事物还是清晰明确的，千万不要以偏概全，认为所有事物都是灰色的。如果认识不到这一点，就有点儿睁眼瞎了。

灰色地带之所以会存在，是因为事物有时候并不是黑白分明的。你常常会发现自己所处的境地不属于绝对意义上的黑或者白，它们没有明确的对立面。这仅仅说明你没有看清楚它们。不要将你主观上的某个灰色观念无限放大到整个世界，并且认为这就是世界的本来面貌。

真相情况不明时往往会让人心情烦躁，避之唯恐不及，我们要设法尽力避免陷入这种困境。但是，当你陷入了不确定的泥潭时，也不能丧失信心。要明白：或许现在你不能弄明白事物的真相，但是，不确定的情况之所以可能出现，正是因为我们曾经有过确定性的经验。这里所体现的原理是：**负面只有在正面已知的情况下才可以被确认为负面**。我们这里的负面就是不确定，因此，你可以知道确定是真实存在的。如果确定是可能的，那么你目前所不明白的事物最终总会水落石出。理论上来说，克服目前经历的模糊状态，从而到达真相的那一天总是存在的。

03 万物终有其本源

充足理由律告诉我们，事物的存在不是偶然的，它们都有其自身的根源。我们不尽知每个事物存在的理由，但我们知道它们的存在都有理由。作为理性的动物，我们用相当一部分精力来探寻这些理由。我们想知道为什么事物会是这样。从理论上来看，关于本源的知识能给人带来满足感，因为知其所以然才可以更深刻地理解它们。但是关于本源的知识同样可以广泛应用于实践领域，因为找到了事物的本源就可以控制事物的发展，控制事物所带来的影响，这是有许多例子可以证明的。例如，我们确定某种细菌是引发某种疾病的原因，那么我们就可以通过消灭细菌的方式来达到消除疾病的目的。

在探寻事物本源的过程中，我们一般从其结果开始。我们面对这样或那样的现象（一个事物、一个事件等），并需要为之作出解释。毫无疑问的是，我们面对的是客观事物；有疑问的是，这些事物是如何形成的。我们所做的探寻工作遵循如下原则：**每一个原因与其结果之间必然存在根本的相似之处**。这就是说，所谓原因，它必能导致我们所观察到的结果，并将在结果上留下其特定的印记；每个结果，在一定程度上，都将反映出其本源的特性。

这有什么实践意义呢？当我在探寻某个原因的时候，

我不能直接知道产生了某种结果的原因是什么，但是我可以通过面前的结果得到关于它的间接知识。通过评估结果的性质，我可以推测出原因的部分特性，这些知识将指引我的探寻方向。

设想我正在努力学习，突然听到厨房里传来一些奇怪的声音，我起身去查看，发现我不小心留在桌上的半瓶牛奶，现在摔到了地上。这是客观事物的结果，原因是什么呢？在桌上，我看到了 3 只蚂蚁在爬动。蚂蚁？不，它们不可能带来如此重量级的结果。我又看到我的金丝雀已经飞出了笼子，栖息在冰箱上。金丝雀？再次否定，目前的结果也是金丝雀所无力造成的。然后，通过开着的窗户，我看到邻居家的猫蹲在后院里。对了，就是它了。虽然我不能肯定就是这只猫打翻了牛奶，但至少它有能力这样做。虽然还需要做进一步观察，但是此刻，我至少可以把猫作为一个嫌疑对象，一个重点嫌疑对象。

04 对原因的探寻不要半途而废

原因往往是一系列的。例如，A 是 B 发生的原因，而 B 的发生又导致了 C，我们用图形来表示他们的关系：

A → B → C

让我们假定 C 代表了事件中一个亟待补救的疑难问题。我们发现 C 是由 B 造成的，遵循“解决问题的正确方法是究其原因”的原则，我们决定把注意力放在 B 身上。

逻辑思路走到这里是值得表扬的，但是它走得还不够远。B 确实是导致 C 的直接原因，但它不是根本原因。因果链的源头是 A，因此 A 才是造成问题 C 的根本原因。

B 是导致 C 的直接原因，所以如果 C 有问题，则 B 也必然存在相应的问题。但是 B 也是一个结果，所以关于 B 的问题必然追溯到 A。除非根本原因 A 得到足够的关注，否则 C 的问题就不能得到有效解决。

让我们试着用一个例子来阐述这个原则。

萨姆闻到厨房有一股腐烂物的气味。通过观察，他发现气味来自水槽下面的一只桶，那里盛满了散发着臭味的水。一旦他倒掉桶里的水，臭味就随之消散。但是，一会儿工夫，桶里就会再次盛满带臭味的水。现在，如果萨姆通过不断地倒水来解决问题的话，我们谁都不会夸他聪明。解决问题的根本方法是找到漏水的管道，并且将它修好，因为它才是不断积水且散发臭味的根源。

我们不能发现问题的本源，有时仅仅是因为我们懒惰，没有充分研究；有时则是耐心不够在作怪。对于要做的事情，我们总想着用最快的、一劳永逸的办法来解决，殊不知，问题的本源还在原地嘲笑我们。

05 区分原因

到此为止，我们主要讨论的一直是动力因。如前文所述，就是它的活动可以决定某个事物存在与否或者改变其存在状态。除了动力因，还有目的因、质料因和形式因的存在。不是所有类型的原因都可以根据因果关系应用到所分析的事物上，但是针对某个事物，可以确认的原因类型越多，我们对事物理解得就越深刻。

目的因，对于行动来说，就是行动的目的；对于客观事物来说，就是它的功用。质料因是组成事物的具体材料。形式因是决定一个事物是此非彼的特殊性质。

让我们以鸟笼为例来分析一下“四因论”。

它的动力因是弗莱德，他制造了它；它的质料因是松木、钉子、螺丝和油漆；它的形式因是鸟笼特定的外形，以此来区分文件柜或是窗棂之类的东西；它的目的因是为小鸟提供一个可以栖身的场所。

如前文所述，不是所有的事物都可以按照“四因论”来进行分析。一个数学观念（或其他任何观念）都是没有质料因的，因为思想观念都是非实物的存在。一个数学家提出了一个新的设想，数学家本身是这个设想的动力因；设想的特定性质是它的形式因（比如，它是关于同心圆的）；它的目的因，让我们假定是解决长期存在的关于同心圆与圆周长的数学难题。

在动力因中，我们要区别主要原因与工具原因。我们说雕塑家是一座大理石雕塑的主要原因，因为他的存在是决定雕塑存在的最终因素。但是，他并不是唯一的因素，因为他需要工具来实现目标。从某种意义上来说，是工具成就了雕塑，尽管是以从属的方式实现的。工具，是主要原因为得到某种结果所使用的媒介。

虽然工具原因从属于主要原因，但在很多情况下，它是不可或缺的。一名出色的大提琴家想要演奏出美妙的乐章，优质的大提琴必不可少。但很明显的是，工具原因绝对依附于主要原因，它是被动的，不能自发地引起行动，就像一把大提琴不能自动演奏一样。主要原因和工具原因的性质都将影响结果的性质。

BEING LOGICAL
A Guide to Good Thinking

最好的大提琴，在一个天赋有限的演奏家手中，也不可能演奏出最美妙的音乐；同理，最出色的大提琴家如果使用品质低下的乐器，也不可能演奏出他所期望的华美乐章，尽管以他的音乐才华是完全可以做到这一点的。

虽然主要原因和工具原因都是必要的，但主要原因仍然在两者中占主导地位。如果我们太多关注工具原因并且夸大它的重要性，有些事情就很容易被忽略。无疑，我们应该提供最好的工具，但更重要的是，我们要提供最好的工具使用者。重复一遍，**最好的工具握在不怎么会使用工具的人手中，也不会出现最好的结果**。请注意：一个好的工具使用者，即使配上一个劣质的工具，也可以有所成效；但是一个不怎么会使用工具的人，即便配上一个最好的工具，也永远都达不到目的。

06 定义术语

在逻辑论述中，避免语义不清和模棱两可最有效的方法就是定义术语。我们说定义术语，其实定义的是术语所代表的客观事物。定义的过程，就是我们根据特定事物（要定义的事物）与其他事物相联系的方式，给它一个精确的“位置”的过程。在定义一个术语或是词语的过程中，我们要尽可能严格地划定它所代表的事物的边界。严格定义术语会带来两个立竿见影的应用上的便利之处，首先是理清了我们自己的思路；其次思路清晰后，我们便可以更有效地和别人进行沟通。诸如“公正”“美丽”“智慧”之类本身就含义模糊的词语，尤其需要清晰界定。

逻辑上定义术语的过程分为两步：第一步，将要定义的术语放入最相近的类别当中；第二步，确定其与同类中其他事物的不同特性。

我们所要定义的事物所属的最相近的“类”，是众多在某方面有共同点的事物的集合体。亚里士多德关于人的经典定义是“理性的动物”。在这个定义中，“动物”是最相近的类，是与人之所属最贴近的类别。为什么？因为人与这个类别中的其他成员一样，具有动物的属性。亚里士多德没有选择如“有机物”“自然物”“事物”等类别，因为这些类别所包括的范围太广了。那样，他所要定义的人将和不具有相同性质的其他事物混为一谈。

让我们来考察一批玩具，它们被放置在艾奥瓦州一所大房子中一个房间的巨大玩具箱里。

BEING LOGICAL
A Guide to Good Thinking

我们可以说这批玩具是在玩具箱里，或是在房间里，或是在房子里，或是在艾奥瓦州。所有这些表述都是正确的。但是相比而言，玩具箱才是最相近的类。虽然玩具是各式各样的，但它们都是玩具，都在玩具箱中，因此在玩具箱中是它们最合适的“类”。

特殊的不同点是用来将我们所要定义的事物从同类的其他事物中区分出来的特性。在亚里士多德关于人的定义中，“理性”这个特性，是将人从动物当中区分开来的不同点。特殊的不同点叫作特性，它确定了特定的类别，

并把它同其他的类别区分开来。当定义某个事物的时候，我们所要做的仅仅是更精确地鉴别它：首先把它放入相似的类别中，然后指出其区别于其他同类事物的独一无二的特性（特殊的不同点）。

按照上面所说的方法，让我们来定义下面两个相当困难的术语。

正义

第一步：“正义是一种社会美德……”

第二步：“……通过正义，每个社会成员得到其所应得的一切。”

分析：“社会美德”是我们所要定义的术语所归属的类（最相近的类），因为它给了“正义”准确的一般性描述。对于这个术语来说，诸如“矿藏”“协会”“活动”等类显而易见是错误的。而类似于“概念”“现象”“事件”等类又太过于宽泛，它们都缺乏近似性。但是，当“正义”被列为社会美德时，它就不是唯一的了。那么，什么可以把它同别的社会美德，例如“礼貌”“慷慨”“宽容”

等区分开来呢？于是在定义中，我们又指出了它作为社会美德的独一无二性，非常精确。

害怕

第一步：“害怕是一种情绪……”

第二步：“……促使我们逃避所感知的危险。”

分析：“感觉偏好”是另一个可以用来定义最相近类别的术语。特殊的不同点恰好可以告诉我们所面临的是何种情绪。

亚里士多德用简练的两个词语定义的人——理性的动物，已经成为永恒的经典。“动物”是最相近的类别，“理性的”是特殊的不同点。但是，能这么简练定义的时候非常少，尤其是涉及特性的时候。如果我们要定义“移动电话”，第一步可以足够简单，类别“通信器材”；然后，我们必须强调几个特殊的不同点，以此来区分世界上存在的其他通信器材。

逻辑定义的独特价值在于它揭示了所定义事物的本

质。然而，当我们对一个事物没有足够深入的了解，不能抓住其本质时，这样的定义我们往往难以给出。在这种情况下，我们只能通过描述来宽泛地说明事物。好的描述是将一个事物可以观察到的现象尽可能完整详细地描述出来，其作用在于它可能会揭示出一些关于事物本质的线索。

07 直言命题

推理过程的目的，也是逻辑学的基本关注点，就是实例证明。如果我只是告诉你这个或那个事物是真的，并且希望你仅凭我说的话就接受这个观点，那么我就不是在说理。我必须对你说明这个或那个事物是真的，并通过论证让你相信它。

一场论证实际上相当于组成它的那些命题，而那些命题又相当于组成它的那些术语。迄今为止，所有我说的话都在我的大脑中经过了论证。论证是逻辑活动，任何特定的论证都是推理过程的具体表现。这个过程的下一步是更加仔细地考察命题，确切地说，就是考察直言命题。**最有效的论证，其结论都是直言命题，清楚明确地告诉我们事物的真相是什么**。例如，“收音机在汽车后座上”。我们明确知道这里说的实际情况是什么。但是，如果有人说“收音机可能是在汽车后座上”，或者“可能收音机是在汽车后座上”，情况马上就变得不确定了。这些就不是直言命题，因为我们拿不准实际情况。直言论证（由直言命题组成）是最有效的辩论，因为它提供给我们的是确定的信息。我们能否说出直言命题取决于实际情况。例如，如果我确实不知道收音机在哪个位置，直截了当地说它是在汽车后座上是不负责任的。但是，只要情况允许，只要我们能够保证事物的真实性，就应该明白地讲出实际情况。

切记要谨慎。一个命题可能在形式上是直言命题，但实际上它所表达的内容仍然可能不对。一个人可能会说:“芝加哥棒球队是最好的棒球队。”这是一个直言命题，但它告诉我们的只是讲话者坚定的信念。它描述了一个主观事实，因为它只是讲话者自己的观点，而不反映任何客观情况。

08 普遍命题

一个普遍命题涵盖的对象非常广，但它并不必然就是不精确的。“马是脊椎动物”和“马是家畜”都是普遍命题，而且没有什么理由怀疑这些命题的正确性。使一个普遍命题成立要满足以下条件：（1）它所陈述的事物是真实的；（2）适用于整个类别。

在命题“马是脊椎动物”当中，归在“马”的类别之下的每个成员（所有的马）都被包括进去。但是这一命题的语言并没有表达得如此直接。为了防止引起任何歧义，我们在表述中添加定语“所有的”：所有的马都是脊椎动物。而当我们不想涵盖类别中的所有成员时，必须明确地加以说明，例如：有些马是白色的。

明确的语言表达在普遍命题中很重要，因为它能避免听众产生困惑的可能。有些人会故意省略定语（所有、有些），因为他们希望听众可以默认定语是所有的，而无须直接表达。

BEING LOGICAL
A Guide to Good Thinking

通常在这种情况下，像“迦太基人既粗鲁又愚蠢”这类表述，都是包括所有的迦太基人。而当这个观点被质疑时，表述者就可以辩解说，他并没有说所有的迦太基人都是粗鲁又愚蠢的。是的，他确实没有直接说，但他暗示了。

普遍命题有两种形式：全称命题和特称命题。全称肯定命题意味着“所有的”“每个”（所有的鲸鱼都是哺乳动物），它肯定了某个类别的所有事物的某种共性。全称否定命题是指“没有”的陈述（没有鱼有脚），它强调某个类别缺乏某种特性。特称命题，无论是肯定的还是否定的，都不对其类别的所有个体发生作用。通常它会被定语“一些”所限定（一些哺乳动物是树栖的，一些土豆是不新鲜的）。但是类似“大部分成年人开车”和“大多数底层人投票给皮特·森”同样是特称命题。只要命题中不是包括类别中的所有成员，它就是特称的。无论部分是大是小，部分只能是部分。

当我们讨论一个命题是特称命题还是全称命题时，

我们的关注点在逻辑学上称为命题的“量”。单称命题和普遍命题是对立的，它的特点是其所表述的事物是单个的个体。“玛丽从马里兰州来”是个单称命题，“菲尔德在芝加哥市”也是。

全称命题，无论是肯定的还是否定的，都很明确。它们或肯定或否定整个类别的某种特性，没有例外。相反的，特称命题通常都是模糊的。“一些”包含了太多的选择，它可能是 99%，也可能是 2%。但是，有些特称命题也可以是非常精确的。例如，“16% 的运动员在两小时内完成了比赛”。你要做的是，在力所能及的范围之内，尽量精确地陈述你的命题。

逻辑是让人信奉真相的技术。

拉布吕耶尔
法国道德家

BEING LOGICAL

A Guide to Good Thinking

第 3 章

论证：逻辑学的语言

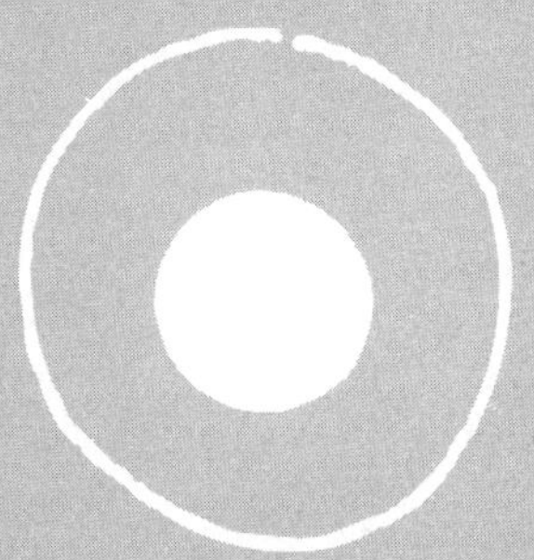

逻辑推理的具体表现形式是论证。论证的成败取决于其所包含的推理的好坏。在本章中，我们将讨论成就一个正确有效论证的所有因素。

一位逻辑学家不需要亲眼见到或听说过大西洋或尼亚加拉大瀑布，他从一滴水中就能推测出它们存在的可能性。

阿瑟·柯南·道尔
英国侦探小说家

01 建立一个论证

逻辑推理的基本步骤，即推理的过程，就是根据已知正确的第一个观点，推断出第二个观点，而第二个观点之所以正确，是由于第一个观点的正确。推理的过程构成了论证的核心。如我们所见，论证是由命题组成的，推理所关注的观点是由命题来表达的。

论证可以是错综复杂的，这主要是因为它可能会包括许多命题。但是，每个论证，无论它在形式上是多么复杂，本质上都是极其简单的。**每个论证都由两个基本要素——两个不同类型的命题组成：一个“前提”和一个“结论”**。前提是一个支持性命题，它是一个论证的起点，包含着推理的出发点所依靠的基础事实。结论是被证明的命题，它在前提的基础上得出，并为大家所接受。复杂论证通常包含大量的前提，而且各前提之间往往相互作用，具有一定的关系。你可以有一整套相互关联的前提，其中一个可能建立在另一个前提之上，所以要摆正它们之间的关系，以便得出正确的结论。

BEING LOGICAL
A Guide to Good Thinking

失了一颗铁钉，丢了一只马蹄铁；丢了一只马蹄铁，折了一匹战马；折了一匹战马，损了一位将军；损了一位将军，输了一场战争；输了一场战争，亡了一个帝国。

从一个论证出发得出多个结论极为少见，实际上，这种情况也要尽量避免。单一确定的结论总是最好的。这只是换句话来说明，**最有效的论证总是试着得出最简单明**

了的结论。

最简单的论证由两个命题组成，一个前提和一个结论，或者称为一个支持性命题和一个被证明的命题。通常，论证的上下文就能告诉我们哪个是前提，哪个是结论，但是这里我们常常给命题附上“逻辑指示词”，以便分清前提和结论。对于前提来说，常见的逻辑指示词包括“因为”“既然”“由于”，而对结论来说，常见的逻辑指示词包括“因此”“所以”“从而”。还有许多更详细的表述方法，表示前提的如“考虑到目前的实际情况”，表示结论的如“我们有必要这样做”等等。让我们来分析下面这个简单的解释性论证：

因为他经常和老板发生争执，
戴维被调到了休斯敦工作。

分析：这个论证不是想声明戴维被调动的事实，而是想解释这个事实为什么会发生。第一个命题，即前提，提供了支持性信息，只要我们认为它是真的，就可以理解为什么会发生调动。

前提是论证的基础，正确论证有赖于正确的前提。

所以一个正确论证的第一步，就是要确认前提的正确性。在上例的论证中，如果戴维不是经常和老板发生争执，那我们仍然无法解释他的调动原因。仅仅保证前提的正确对一个有效的论证来说是不够的，我们还必须保证这个前提可以得出最终正确的结论。

02 从全称到特称

全称命题的特点是，如果它为真，那么这个说法适用于同一类别中所有特定的个体。就好像如果“所有的狗都是食肉的”成立，则“有些狗是食肉的”必然成立一样。再举一个例子，如果“没有男性是妈妈”成立，那么“一些男性不是妈妈”也必然成立。这些都是最普通的例子，既不耸人听闻也不鲜为人知，但是这个简单的推理过程却是值得我们关注的，因为它生动体现了论证中的必然性。假设“所有的狗都是食肉的”这个前提是正确的，那么无疑结论中“一些狗是食肉的”必然正确。同理可推知第二个例子中的“一些男性不是妈妈”也必然正确。这些结论是必然的，必然的结论是确定的，无可置疑的。

从全称到特称的逻辑推理过程及其所蕴涵的必然性是非常简单的。如果我们知道某个结论是对整个类别成立的，那么它必然对这个类别中的任何部分都成立。

03 从特称到全称

从全称到特称的论证过程确保了结论的必然性，从特称到全称则不然。对部分有效的结论，我们不能肯定地说对整体也都成立。在一些例子中，从特称到全称的论证过程会得出明显是错误的结论。“一些女性是母亲”是个绝对无误的命题，但是这个前提并不支持“所有的女性都是母亲”这个结论。这说明了什么呢？这说明，不是仅仅有正确的前提就可以得出正确的结论。要得出正确的结论，前提对结论来说必须是充分的，这恰恰是特称前提所不能提供给全称结论的。整体包含部分，但是部分不能代表整体。

那么，在特称前提和全称结论之间存在合理的通道吗？答案是肯定的，只要我们能够保证结论包含的范围完全落在前提的范围之内。在不能作出确定的结论时，我们可以作出可能的结论。换句话说，这个从特称到全称的过程，必须是谨慎的。

BEING LOGICAL
A Guide to Good Thinking

如果我遇到的所有克莱尔村的居民都是红头发、绿眼睛的，又假设我遇到了很多克莱尔村的居民，那么如果我说："可能所有克莱尔村的居民都是红头发、绿眼睛的。"这也不是没有根据的。至于我的推测是否属实，那是另外一回事。

仅仅因为某些特征适合于整体的某个部分，就声称这些特征也必然适合于整体，这是明显的谬误。但是，这种谬误人们常常避免不了。所以，在面临类似的情况时应加倍小心。以偏概全是人类的某种天性，尽管这并不是什么好事。

04 断言

一个命题，是某种可真可假的论断的语言表达。从语法上看，每个命题都包括一个主项和一个谓项。主项，是我们所要言说的对象，而谓项，则是我们对此对象所说的一切。**断言是将谓项附着于主项的观念联结过程**。“莱瑞尔是经理助理”，在这个命题中，“经理助理”是莱瑞尔的谓项。

如果说断言是将观念聚合并配对的过程，那么测试断言的正确性就在于聚合在一起的观念是否在实际中相互切合。如果观念在语法上的联结反映了现实联结中的客观秩序，则这些观念是切合的。

BEING LOGICAL
A Guide to Good Thinking

在命题“麻疹是传染性的”中，“传染性”是对麻疹所下的断言。这是个正确的断言，因为主项和谓项相辅相成，命题反映了真实的联系。同样的过程可以应用于命题“马克·吐温出生在美国”。“出生在美国”是对马克·吐温的正确断言，因为它反映了实际情况。

由上文可知，正确断言的结果是我们能得出正确的命题和结论。反过来说，错误断言也会导致荒谬的命题。“简·奥斯汀在新罕布什尔州写出了《劝服》”是错误的，因为“在新罕布什尔州写出了《劝服》”并不是简·奥斯汀的谓项。

05 否定命题

肯定命题在观念之间搭建桥梁，将不同的观念联结起来；否定命题则相反。全称性否定命题完全隔断观念之间的联结（“没有一个哲学家是永远正确的”）；特称性否定命题则是部分隔断（“一些纽约居民不读狄更斯的作品”）。

当我们说一个命题成立或者不成立时，我们只是在说它是真还是假。所以，命题不成立，仅仅是说它是假的。命题的真假与它是肯定的或是否定的没有关系。当我们运用逻辑语言讨论一个命题的性质时，我们所说的就是它是肯定的还是否定的。“切尼没有当过美国总统”是真的，“华盛顿不是美国的首都”是假的。

有时，否定命题的意义难以捉摸，我们必须十分小心。当使用它们时，应确保我们要表达的意思和命题中所表达出来的是同一的。我们来看一下命题“不是所有的狗都是杂交的”。这里有“所有的”，它是全称性命题的标志，还有“不是”，它是否定命题的指示词，或许有些人就会迫不及待地下结论：这是个全称性否定命题。事实上，它却是个特称性否定命题。在全称性否定命题中，主项和谓项之间的联结被完全隔断，但在这个命题中没有。这个命题的关键点在“不是所有的”上面。“不是所有的”（或者“不是每个”）并不是“所有的都不”的同义词，它的含义是“有些”。命题的谓项“杂交”并不是对主项（“狗”）代表的整个类别起作用，而只是用来描述其中的一部分。所以，这个命题实际上是说：一些狗不是杂交的。

在其他条件相同的情况下，如果肯定命题和否定命题都能同样清晰地说明同一个事物，最好是选择肯定结构的命题。参看这两句话：“有些学生勤奋好学”和“有些学生不勤奋好学”。从严格的逻辑学观点来看，这两个命题做的是同一件事：在主谓项之间建立一个特称命题。但是，这两个命题还是有细微的区别。肯定命题更加直接有力，这是所有肯定命题的共同特征。因为它强调的是这个东西是什么，与强调这个东西不是什么相比，它传递的是正面的结果。否定命题则会引导我们去思考命题的反面是什么。

BEING LOGICAL
A Guide to Good Thinking

否定命题可被有效应用于纠正假命题。“不是所有的艺术家都是神经病”和“所有的艺术家都不是神经病”，两者都是对“所有的艺术家都是神经病”的反驳。在逻辑论证中，清晰性是要最先考虑的。但是，当我们在肯定命题中夹杂否定的元素时，混淆的土壤就产生了。“强制征税不是不公平的”与“强制征税是公平的”意义相同，但是，第二种表达比第一种要清晰明了得多。

然而，在用语选择过程中，我们并不希望仅仅出于逻辑严谨性的考虑，就完全将较委婉的否定命题排除出去。“这是个白痴的决定”是个清晰明了的命题，但很生硬，过于直接粗暴。如果我们换成“这个决定可能不是最谨慎的”，就不那么伤人，而且我们很可能将得到人们友

善的回应，尽管人们并不情愿放弃严格的原则。我们所要采取的语气取决于当时所处的环境，如果情况需要，直截了当的方式当然也可以采用。

06 比较

人脑善于比较。事实上，没有比较，观念就不可能产生。正是通过比较这种精神活动，我们才能辨别事物的异同。

当用命题将一个观念（主项）同另一个观念（谓项）相联结时，它是人脑所作出的最基本的、进行比较的语言表达。我们所说的“判断”是一种精神活动，它通过观念的联结使我们可以对所处的客观世界作出连贯的陈述。由于判断是命题的基础，所以我们所说的适用于命题的一切原则，也必然在判断中适用。如果一个判断所揭示的观念之间的联系真实反映了客观世界中的关系，那么它就是正确的。

反映在命题内部的比较，有着基础性的地位，因为它是我们在两个或多个命题之间作出多重比较的源泉，而且正是这些纵横交错的比较构筑了人类的观念。如果不能通过比较认识事物之间的联系，那么我们的观念就会产生脱节。我们会有想法，但是每个想法都是孤立存在的，我们就不知道如何将观念联结在一起来反映事物之间的联系。

当我们比较两个事物时就会发现它们或者完全相似，或者截然不同，或者部分相似。（当然，我们也可以在无限多的事物之间进行比较，为了方便，这里我们只取两个进行说明。）我们说两个事物完全相似的根据是什么呢？那就是我们在一个事物当中所观察到的所有特性，都与另一个事物当中的类似特性相匹配。例如，两个同一厂家批量生产的咖啡壶，它们在每个细节上都是相似的。

在“部分相似，部分不同”的判断中，相似和不同永远没有一个完美的平衡点。可能同多于异，也可能相反。但是，无论差异有多大，它们都来源于对可观察到的特性的认真比较。

两个事物毫无共同之处的判断又如何呢？如何断定

这个判断是合理的？如果通过比较两个事物共有的每个可观察到的特性，可以得出两个事物完全相似的判断是合理的，那么用同样的方法得出截然不同的判断也是合理的。但是，这种情况会发生吗？

BEING LOGICAL
A Guide to Good Thinking

这次我们不比较两个咖啡壶，我们比较一个咖啡壶和一个烤箱。显而易见，它们在很多方面是不同的。但是，它们同样有相似的特性。比如，它们都是电器；再比如，它们可能是同一种颜色，或者同样的重量，或者制造它们的大部分原料是相同的。

注意这里所说的“完全相似”的判断：只要是两个事物，它们就不可能完全相同。如果从字面上来说两个事物是完全相同的，那么它们只能是一个事物。

同理，这里所提到的“截然不同”的判断：没有任何两个事物是完全不同的，至少它们都是存在的。如果将 A 与 B 相比，可以得出 B 与 A 完全不同的结论的话，那么我们只能确定事物 A，因为 B 是根本不存在的。

要对比任何两个事物，特别是庞大复杂的事物，像历史事件之类，要谨记不能仅仅因为在比较时我们注意到了很多相似之处，就鲁莽地得出诸如“这两个事件很相似”之类的结论。问题的关键并不是相似特征的多少，起决定作用的是这些相似特征的重要性。如果一个性质揭示了事物的本质，那么它就是重要的，它揭示了事物本身的特性。

如果一个主要特性被遗漏，那么即使有大量相似的其他特性，也不能得出可靠的比较结论。

BEING LOGICAL A Guide to Good Thinking

如果我现在面对一个既不知道老鼠也没见过大象的听众，启发他的第一步就是要来比较这两个动物。我告诉他这两个动物都是四条腿、两只眼睛、两只耳朵、一张嘴、一条舌头、一条尾巴、一个心脏等，这些都是重要特性。但是在我的叙述中，我没有提到两者最显著的对比因素：体型。我遗漏了一个极其重要的特性。如果听众由此得出老鼠和大象非常相似的结论，显然是可笑的。

07 比较和论证

当我们将论证置于比较中时，我们的目的是展示（也就是通过论证证明）我们所比较的两个事物实际上是相似的。假设我正在比较的两个事物：A 和 B。通过仔细观察，我列出了它们共有特性的详细清单。通过论证，我的结论是：A 和 B 非常相似。论证的前提是我观察到的 A、B 共有的特性："因为 A 和 B 共享特性 X，因为 A 和 B 共享特性 Y"等。

BEING LOGICAL
A Guide to Good Thinking

如果我现在比较鹿和牛，则它们的共性有：它们都是偶蹄的，它们都是食草动物等。如果我可以肯定，在所讨论的问题中，所有我所涉及的特性都是重要特性且没有其他重要特性被遗漏，那么我的论证就是合理的，令人信服的。在上例论证中，我趋向于得出"鹿和牛"非常相似的结论。

以比较为基础，一个最普遍的论证形式是类比论证

（类比是找出两个事物之间相似性的关系）。类比论证的基本结构如下：在比较的两个事物中，对于其中一个A，我有比B更深入的了解。我所做的推理的目的是：在已知A、B有足够多毋庸置疑的相同特性的基础上，使你相信它们的一些非显性的特性也是相同的。假设A是一个历史事件，比如说是越南战争，B代表未来所要发生的一个事件，比如说是目前美国政府正在筹备的一项行动，我的任务是使你相信如果美国政府发动了这一行动，它将重蹈越南战争的覆辙。

论证概要

A具有特性R、S、T、U、V、W、X和Y。

B具有特性R、S、T、U、V、W、X和Y。

A具有特性Z。

所以，B也具有特性Z。

分析： 这个结论不是必然的，但是它是极有可能的。基于两个事物拥有大量相同特性的事实，当其中一个事物具有其他某个特性时，很可能另一个事物也同时具有。类比论证只适用于当我们不能直接证明B具有特性Z的时候，当然，也可以是B还没有发生所以不能被分析的时候。

08 正确论证

如我们所见，一个论证有两个基本要素：前提和结论。如果一个经济学家作出了一个预测，比如，通货膨胀将在未来6个月内收缩，并且希望不经过任何解释，大家就可以接受他的观点。此时，这个预测的可信度完全取决于这个专家的权威性。因发言人的权威性而接受他的观点也不是不合理的。事实上很多时候，我们都在这么做。如果某人是某个领域的泰斗，我们都会期待他就所从事领域的问题发表一些观点，我们相信这些观点是有益的。但是，论证提供给我们的知识的可靠性远远高于权威所能提供的。这是因为当我们领会了一个正确论证时，我们依靠自己知道了一些东西是正确的。我们知其然，也知其所以然。

为了使论证正确有力，我们必须关注其事实（内容）和形式（结构）。我们已经在前文中讨论过第一个问题，命题的真实性是论证正确的必要条件。这个原则已经被给予足够的重视。下一个问题是论证的有效性。只有结构正确的论证才能有效，换句话说，结构的合理性是论证正确的必要前提。有效性的内涵并不总是能用几句话就说得清，所以，如果你还没有把它弄明白，要耐心些。在以后我们讨论论证结构的章节里，结构与有效性将息息相关，我们将通过例子来说明有效性问题。

关注到真实性和有效性的区别是非常重要的。尽管人们常常将两者混淆，事实上它们差别很大。首先，真实性针对命题的内容，而有效性则针对命题的结构，我们称之为论证。其次，只要命题反映的事实是真相，它就是正确的。但一个论证如果想成立，如前文所述，在前提正确的基础上，它的结构也必须能有效支持它的结论。

在我们讨论从全称命题到特称命题的过程时，已经涉及了论证的简单形式。这里我们将先考察论证的其他简单形式，以便为推理的最完整形式——三段论，做好充足准备。现在我们来讨论三种简单的论证形式：联言论证、选言论证和条件论证。

联言论证

如果我们将联言论证表示为：A · B。其中 A 和 B 都代表一个完整的命题。用一个简单的例子表示，比如："安娜是明尼苏达大学二年级的学生，主修生物学。" A、B 之间的符号 "·" 代表的意思是 "和"，它具有重要意义，表示 A 和 B 都是真的。这其实是一个连锁反应，在假设其中一个为假的情况下，你不能认为另一个为真。A · B 可以作为一个论证的前提，由此可得出两个有效的结论：

A · B	A · B
所以，A	所以，B

分析： A 的逆命题 –A 同 B 的逆命题 –B（即安娜不是明尼苏达大学二年级的学生或者她主修的不是生物学）都是假的，因为它们同论证的前提相矛盾。

选言论证

如果我们将选言论证表示为：A v B。其中 A 和 B 同样都代表一个完整的命题。符号“v”的含义是“或者”。举例如下：“阿迪尔昨晚或者是坐火车去了华盛顿，或者是坐飞机。”这里我们面对的是严格的或者说是不相容的选言命题，就是说组成这个命题的两个部分是相互排斥的，它们不能同时为真。一个为真，另一个必为假，反之亦然。同时，很重要的一点，它们也不能同时为假。如果它们同时为假，这个命题就带有欺骗性。因为当我们说“或者是 A 或者是 B”时，隐含的意思就是两者中必选其一。如果我们的意思是“既不是 A 也不是 B”，就必须明确地说出来。有效的选言论证如下：

A v B	A v B	A v B	A v B
A	B	−A	−B
所以，−B	所以，−A	所以，B	所以，A

分析：在上面的符号中，−A 的含义为“非 A”，−B 的含义为“非 B”。观察以上的推理并将它与联言论证进

行比较。在上述第一个例子中，从原始命题（A v B）中，我们不能直接得出结论（-B），这里我们需要一个中间要素 A 来完成整个论证。首先，我们必须确定两个选言（A、B）中，哪个是正确的。在这个论证中，我们有两个前提：A v B 是大前提，A 是小前提。

09 条件论证

条件论证，有时又称假言论证，是一个包含“如果……那么……”结构的论证。它反映了我们思维的习性。例如，“如果努力工作，那么你最终将实现你的目标”，或者“如果周四天气很好，我们就去露营”。在这个论证中，大脑会先设定好一定的条件，如果达到了这个条件，就会有确定的结论出现。让我们用符号来仔细研究一下这个重要的论证形式：

A → B

A

所以，B

我们的论证从条件命题 A → B 开始（如果 A，那么 B）。条件命题，像一个联言命题和一个选言命题，是个真正的复合命题。换句话说，在这种情况下，A 是一个命题（“如果公牛队赢得比赛”），B 也是一个命题（“他们将参加季后赛”）。这里，前一个命题被称为“前件”，后一个命题被称为“后件”。“A → B”（第一行）是论证的大前提；“A”（第二行）是论证的小前提；第三行，“所以，B”很明显是论证的结论（在这里，“所以”是逻辑学上表明结论的标志）。

条件论证的要点是大前提 A → B 告诉我们，如果 A（无论它是什么）成立，那么 B 也必然成立。此时，我们不能确定实际情况会是什么。小前提 A，告诉我们大前提中的条件可以满足，然后结论 B 就随之出现。这是一个有效论证，意味着如果前提成立，则结论必然成立。这是有效论证中的必然结果：真实前提带来真实结论。

但是为了保证条件论证的有效性，我们必须彻底理解大前提 A → B 在告诉我们什么。这是说 A 和 B 之间一定要有必然联系。换句话说，如果 A 实现，则 B 必然要能实现。

很显然，从严格的逻辑学角度考虑，我们日常生活中所用的大部分条件论证并不是那么严谨。想一下前面所用的一个例子：“如果周四天气晴朗，我们就去露营。”如果我们再仔细分析一下，就会发现在这个论证中，前提（周四天气晴朗）和结论（去露营）之间是没有必然联系的。或许周四的天气很晴朗，但是由于一些之前没有预料到的原因，可能还是没有去露营。让我们来看下面这个论证：

如果路易斯在跑步，那么他一定在移动。

路易斯确实是在跑步。

所以，路易斯在移动。

这个例子中，我们可以看到，前提和结论之间必然有紧密联系。同一时刻，路易斯在跑步但却没有移动是不可能的。所以，这个论证的结论是必然成立的。

条件论证还有另外一种有效方式，用符号表示如下：

A → B

−B

所以，−A

大前提设定条件："如果路易斯在跑步，那么他一定是在移动。"小前提 (–B) 是："路易斯没有移动。"结论："所以，他没有跑步。"这个论证的逻辑是：由于跑步一定会带来移动（只跑步不移动是不可能的），如果一个人没有移动，显然的，他一定没有跑步。

尽管我们举了很多条件论证的例子，但在现实生活中，严格逻辑学意义上的条件论证真的很少。在我们的论证中，鲜有在前提和结论之间存在必然联系的情况。这样造成的结果是，即使前提实现，我们也不一定能得到论证中的结论。但这并不意味着条件论证是没有意义的，即使它看起来并不总是带来必然的结果。在我们大量使用的条件论证中，结论只是众多可能性中的一个。我们的目标是尽可能严谨地建立我们的论证，保证结论出现的最大可能性。

BEING LOGICAL
A Guide to Good Thinking

设想一下，如果一个朋友对你说："如果我中了六合彩，我将把奖金全部捐献给慈善机构。"听到这种话，你肯定不会认为他将立刻把此善举付诸行动。你怀疑的依据在于"如果"，这个前提成立的可能性是微乎其微的。其实即使这个前提真的实现了，你的朋友又真的会如自己所说，把得到的所有奖金都捐献给慈善机构吗？

在前提和结论之间的联系不是必然的条件论证中，前提和结论之间的联系越紧密，结论成立的可能性就越大。让我们回到前文曾用过的例子：

“如果公牛队获胜，他们将进入季后赛。”首先我们假设这是对真实情况的表述。根据目前的成绩，如果公牛队获胜，他们将进入季后赛。然而，前提（赢得比赛）和结论（进入季后赛）之间的联系也不是必然的。比如说，公牛队赢了比赛，但是由于球员罢工，季后赛取消。实际上，罢工看起来可能性不大，所以考虑到所有因素，前提和结论之间的联系还是很牢固的。如果公牛队取得比赛的胜利，得出他们将进入季后赛的结论是可靠的。

条件论证的可靠与否取决于你对论证中前提与结论

的了解程度及它们的联系方式。如果论证的因果关系十分脆弱，就此下结论就是草率的。注意，**条件论证是具有前瞻性的，可靠的预言来自对过去事实的积累**。你说："只要路易斯叔叔到了镇上，他就要去施密特餐馆吃晚餐。"这是个合理的预测，因为你知道，在过去的15年中，只要路易斯叔叔回到镇上，他就一定会去施密特餐馆吃晚餐。

10 三段论

三段论这种论证形式反映了人类思维的习惯性运作，即通过观点的联系可以推导出结论。像我们讨论过的简单论证模式一样，在开始对三段论模式进行讨论时，我们首先要熟悉它们的结构，确认它们的组成部分。下面是三段论的一个符号模式：

每一个M都是P。

每一个S都是M。

所以，每一个S都是P。

第一个命题是大前提，第二个是小前提，不用说，第三个是结论。三个大写字母 M、S、P，分别代表着三个命题中包含的事物——要表达的观点。M 代表“中项”，P 代表“大项”，S 代表“小项”。中项尤其重要，因为它的任务是搭建起联结其他两项的桥梁，论证的成功与否有赖于中项。我们来看一个例子：

> 每个美国国家橄榄球联盟（NFL）的成员都是专业运动员。
>
> 明尼苏达维京人队成员都是 NFL 成员。
>
> 所以，明尼苏达维京队成员都是专业运动员。

我们不需要知道“NFL”代表什么或者明尼苏达维京队成员都是谁，仅仅从结构上来看，这个论证是成立的。

三段论推理的根据是，首先确定某一部分是属于整体的，然后得出某一部分的组成成员也是属于整体的。如果 A 是某个整体的一部分，那么 B，假设它是 A 的一部分，也一定属于整体。

我们论证的大前提（每一个 M 都是 P）可以用图 3-1 表示。

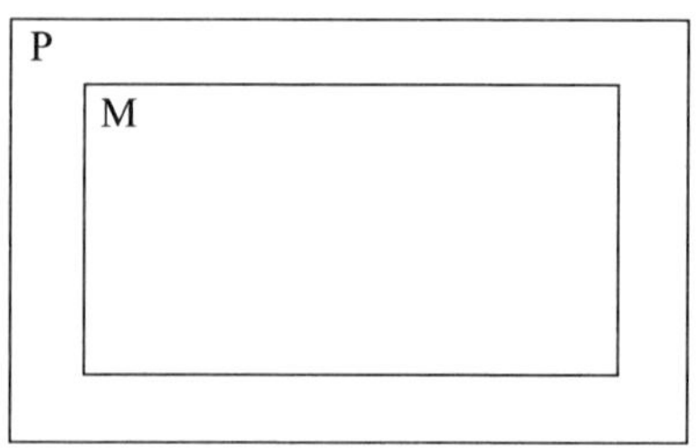

图 3-1　每一个 M 都是 P

注意，图中用小方框表示的 M，完全包含于大方框表示的 P 中。接下来我们把小前提（每一个 S 都是 M）也用图 3-2 表示出来。

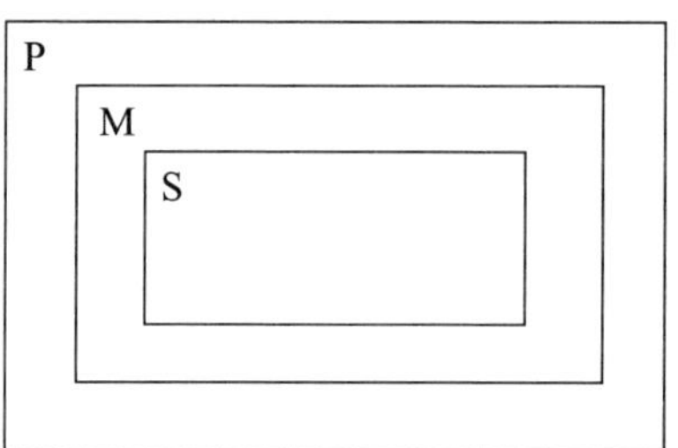

图 3-2　每一个 S 都是 M

从图中可以看出，小前提重复了大前提的内容，它也是被一个大方框完全包含的一小部分。现在，从这个完整的图形中，我们可以清晰地看出论证中所涉及的三项的关系，以及结论是如何逐步得出的。如果 M 是 P 的一部分，同时 S 是 M 的一部分，那么理所当然，S 必然是 P 的一部分。

1 前提的真实性

前面我们已经说过，一个三段论的论证，或者是任何一个论证，如果想要得到正确的结论，必须达到两个基本的要求：**一是它必须有正确的内容，二是它必须有合理的结构**。正确的内容取决于作为前提的命题真实与否。如果结构合理，但是内容不合理，会产生什么样的后果呢？让我们来看下面这个例子：

> 每只狗都有三个头。
>
> 牧羊犬是狗。
>
> 所以，牧羊犬有三个头。

如果我们从一个错误的前提出发，一个有效的论证（结构合理）也只能给我们带来错误的结论，正所谓“差之毫厘，谬以千里”。再合理的结构也不能带给具有错误前提的论证以新生。这就好像是一辆做工完美（结构合理），但汽油箱内却注满了水（内容错误）的汽车。没有汽油，再好的汽车也别想发动。所以，仅靠结构合理还不足以得到正确的结论。

12 前提的相关性

虽然前提的真实性是得出正确论证的必要条件，但也不是充分条件。如果前提不能有效地支持结论，它能起到的作用也是寥寥。回想一下，前提的作用是支持结论，给我们可以接受结论的理由。但是，如果前提本身和结论毫不相关，即便它是正确的，也不能起到应有的作用。前提失效的表现之一是不能证明结论。让我们来看下面的例子：

> 皮埃尔是个全美闻名的橄榄球运动员。
>
> 皮埃尔不到 30 岁就赚到第一个 100 万美元。
>
> 皮埃尔很英俊，笑容迷人。
>
> 所以，皮埃尔应该被选为州长。

我们首先假设所有关于皮埃尔先生的前提描述都是正确的。他确实全美闻名，30 岁前就赚到 100 万美元，很英俊迷人。但是，即使所有这些都是真实的，它们也不能有效地支持结论。它们没有告诉我们到底皮埃尔先生有什么出众的资格能被选为州长。

现在来看另一个例子，一个有助于候选人成功的例子：

威尔在维和部队工作了 4 年。

他是一个品德端正的律师。

他是纽约市两任市长。

他已经为州立法机构工作了 12 年。

所以，他应该被选为州长。

与前例相比，此例中前提与结论的关联度显然要高得多。论证本身不会强迫我们去关注什么，但是如果我们对以上两个例子中前提对结论影响的差别视若无睹，是应该感到惭愧的。

13 事实命题，价值命题

“音乐家是演奏音乐的人”，是个千真万确的命题。用这样的命题做前提，我们可以得出正确的论证——如果你不介意结论枯燥的话。来看如下例子：

> 音乐家是演奏音乐的人。
>
> 桃乐丝是个音乐家。
>
> 所以，桃乐丝演奏音乐。

我们再来看命题“音乐家都是杰出的人”，这个命题不是关于事实而是关于价值的，它反映了提出命题的人的观点。这样的命题同样可以作为论证的前提。因此，得出论证如下：

> 音乐家都是杰出的人。
>
> 塞西莉亚是音乐家。
>
> 所以，塞西莉亚是杰出的人。

但是，我们能给上例中以价值命题为前提的论证多少可信度呢？不会很多，我想大家都会同意。注意“杰出的”这个词语的模糊性。这意味着什么呢？这意味着以价值命题为前提的论断，永远不能像以事实为前提的论断那样，有确定的评判标准，因为价值的评估永远会受到挑战。但是，也并非所有的价值命题都不稳定。评判价值命题稳定性的标准，是它与建立起它的客观事物的关联程度。价值命题所依附的客观事物越是广阔坚固，它本身就越可靠。例如，大家都会很期待某个领域内的专家作出的判断，当然，这些判断必须是他们所擅长的领域之内的。海明威在文学方面作出的评价是很有分量的，迈克尔·乔丹在篮球领域也是如此。但是，如果让海明威来评论篮球，迈克尔·乔丹去写小说，大家还会信服吗？

14 论证结构

我们已经知道，结构正确、前提错误的论证带来的也是错误的结论。在这种情况下，结构是正确的，前提是错误的。相应的，前提正确、结构错误同样会带来错误的结论，这时的错误根源是论证结构有缺陷。看下面的例子：

每只松鼠都是哺乳动物。

每只熊猫都是哺乳动物。

所以，每只熊猫都是松鼠。

这个论证中，大小前提都是正确的，而结论显而易见是错误的。是什么导致了论证的无效？答案是：在这个例子中，论证结构是有缺陷的。无效（结构缺陷）的论证结构带来的影响是：它阻断了论证各部分之间的正确联系，因此无法得出正确的结论。让我们来回顾一下三段论的结构，这次我们直接用符号来表示，以便能清楚地看到它们是如何组织在一起的。

M—P

S—M

———————

S—P

如我们所知，这些大写字母，代表论证中的项（注意，只有三项，这很重要）。字母之间的连接线代表语言中的连接词“是”。第二项和第三项命题之间的横线代表“所以”。你或许已经回忆起来，M 代表中项。中项出现在前提和结论之间。这很重要，因为中项的作用是联结大项和小项。注意中项在前提中的位置。它是大前提的主项部分，小前提的谓项部分。这个位置决定了它可以联结大项和小项。现在让我们用符号来把松鼠和熊猫的例子表示出来：

P—M

S—M

———————

S—P

我们很容易看出，在这个论证结构中，中项（“哺乳动物”）既是大前提的谓项，也是小前提的谓项。这就是致使论证无效的根源所在。但是，为什么会这样？为了理解问题的性质，我们必须牢记中项的作用——联结大项和小项。但是，本例中的结构安排使中项不能发挥其作用。具体原因必须联系肯定命题中谓项的性质，这是现在我们所要关注的问题。

论证中的两个前提命题都是肯定的，而且两个前提的中项都是谓项。肯定命题中谓项的重要性质如下：它们通常是特称（或者“不周延的”），永远不会是全称（或者

“周延的”）。

BEING LOGICAL
A Guide to Good Thinking

在命题“所有的松鼠都是哺乳动物”中，主项是全称，“每一个”就是它的指示词。然而谓项并不是指向所有的哺乳动物，它仅限于松鼠。如果我们假设谓项是全称，颠倒主谓关系，因此可以得到“所有的哺乳动物都是松鼠”的结论。很显然，这是错误的。

所以，我们要注意到上例论证中，中项两次出现时都是不周延的，这就是重点。中项至少要有一次是周延的，这样才能在大项和小项之间起到联结作用，才能演绎出必然的而不是可能的结论。一个不支持中项周延性的论证结构必然是无效的。这种错误在逻辑学上有特定的名称，叫作**中项不周延**。

现在，让我们把以上分析应用于我们正在讨论的论证问题上。论证前提的作用是要把两个小类（松鼠和熊猫）放入同一个大类中（哺乳动物）。结论则试图将两个小类等同，理由是它们都同属于一个大类。生活常识告诉我们，这两类动物可以同属于一个大类，但是它们永远是不同的。羊毛可以编织帽子，也可以编织毛衣，但是我们不会因为它们的原料相同而将帽子和毛衣等同起来。

论证的理想结构是根据真实的前提可以保证得出正确的结论。这样的结构才是有效的。我们在上例中所讨论的结构是无效的，因为它不能保证结论的必然性。这就意味着这样的结构我们永远都不能用吗？也不是。沿着这样的结构，你同样可以构造出正确的论证，前提是你必须清楚地知道，这样演绎出来的结论只是可能的，而不是必然的。结论可能性的高低取决于前提联系的紧密程度。来看以下论证：

杰克参加了四月份在芝加哥举行的会议。

皮特参加了同一个会议。

他们可能已经在那里见过面了。

注意结论中的假设性，它是很恰当的。我们不能确定杰克和皮特一定在会议上见了面（我们只知道他们都在那里），但是设想他们已经见过面了也合情合理。

15 结论必须反映前提的量

如前文所述，命题的量指的是它是全称的还是特称的。命题的量取决于它的主项。“每一只鸽子都是鸟”是全称命题，“一些树是每年落叶的”是特称命题。在三段论的论证中，如果前提中有一个特称命题，那么它必被反映在结论中；如果一个前提以“一些”开头，那么结论必以“一些”开头。

在结论中，量必须以更绝对的方式反映出来。这就是说，出现在结论中的某项的量，无论是关于主项的还是谓项的，都不能超越前提中同项的量。换句话说，如果结论中某项是全称的，那么前提中某项必然要是全称的。为了让这个观点更清晰，我们来看下面的例子：

> 每个化学家都是科学家。
>
> 每个化学家都努力工作。
>
> 所以，每个努力工作的人都是科学家。

分析：即使我们知道两个前提都是正确的，我们仍然直观地感到这个论证存在严重的问题，只是我们不能立刻抓住要害。然而，如果我们牢记前面学过的一些知识，仔细研究一下，是可以准确找出症结所在的。注意结论是关于“每个努力工作的人”的。此项无疑是全称的。但是，如果我们来看小前提中的同项，会发现它是一个肯定命题的谓项，这种情况通常是特称的，或者说是不周延的。将前提中的特称项在结论中变为全称项，如此例中所做的那样，是不合逻辑的。

我们已经说过，要想得到特称的结论，必须有特称的前提。那么，如果有两个特称的前提，会发生什么情况呢？让我们用下面的例子来试验一下。

一些青少年学习西班牙文。

一些国际象棋冠军是青少年。

所以，一些国际象棋冠军学习西班牙文。

分析：结论不成立。可能一些国际象棋选手学习西班牙文，实际上，可能性也很大。但是，此论证不能证明这是必然的。解释这种情况的普遍原则是：两个特称的前提不能得出确定的结论。让我们来仔细研究一下为什么是这样，是什么在影响两个特称前提得出必然结论。注意，在这个论证中，中项是“青少年”。在大前提中，它是特称的——“一些青少年”。在小前提中作为谓项时，它同样是特称的。因此，我们的中项没有一次是周延的。这样导致的结果就是：它没有足够的能力联结大项和小项。为了表述得更明白，首先我们把这个论证用符号表示出来：

一些 M 是 P。

一些 S 是 M。

所以，一些 S 是 P。

现在我们用图 3-3 来说明这个论证。

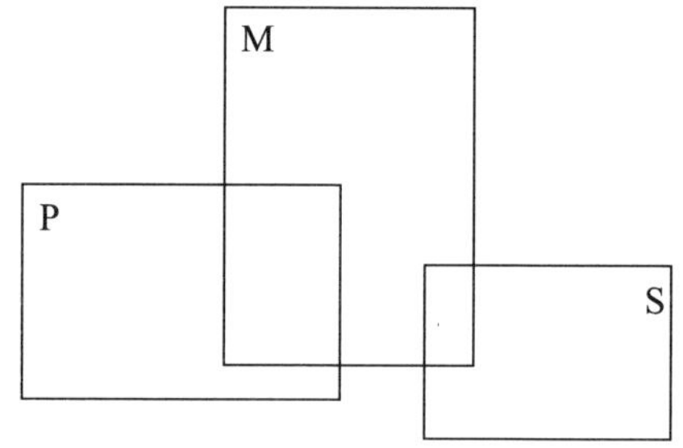

图 3-3　有两个特称前提的论证

我们可以看到 P 与 M 有联系，S 与 M 也有联系，但是 P 与 S 之间不存在必然的联系，而结论却认为它们有，所以，结论是错误的。

16 结论必须反映前提的质

命题的质，我们已经讲过，指的是它是肯定的还是否定的。如果论证中的结论是否定的，那么前提中至少有一个必须是否定的。让我们来看一下，如果论证中大小前提都是否定的，会出现什么情况：

没有男人是女人。

没有女侍应生是男人。

所以，没有女侍应生是女人。

结论显而易见是错误的。两个否定前提的作用相当于一个不周延的中项。在论证中，一个不周延的中项不能起到有效联结大项和小项的作用，所以两个否定前提同样不能起到联结作用。女侍应生和女人都与男人对立的事实不能得出她们两者本身也对立的结论。

肯定前提、否定结论的论证又是什么样子呢？我们来看如下例子：

所有的鸟都是脊椎动物。

山雀是鸟。

所以，山雀不是脊椎动物。

不客气地说，这个论证简直是在胡说八道。结论根本不承袭前提，没有任何道理。毫无疑问，这个论证是错误的。

我们再看下一个例子，一个带有否定结论的正确论证：

没有宾夕法尼亚居民是加利福尼亚居民。

所有的斯克兰顿（宾夕法尼亚州东北部城市）居民都是宾夕法尼亚居民。

所以，没有斯克兰顿居民是加利福尼亚居民。

这里，宾夕法尼亚居民和加利福尼亚居民（大前提）是完全对立的，斯克兰顿居民是被宾夕法尼亚居民（小前提）完全包含的子集。所以，斯克兰顿居民这个小子集与加利福尼亚居民这个大前提也是完全对立的，这跟我们所看到的结论一样。

17 归纳论证

到目前为止，我们所讨论的所有论证都是演绎论证。传统区分演绎论证和归纳论证的方法是：演绎论证是从一般到个别，而归纳论证则恰恰相反。这是区分两者的有效方法，但有其局限性。**更准确地区分两者的方法是：演绎论证得出的是必然性结论，而归纳论证只能得出可能性结论。**

作为论证形式的两种类别，演绎论证和归纳论证都具有论证的两个基本要素：前提和结论。在演绎论证中，我们只用一个正确的命题作为起点（大前提）。通常，它是一个全称命题，包括的是许多事物（例如“每棵树都有根系”）。**演绎论证的基本原理是：从一个我们知道为真的命题（大前提）开始，经过抽丝剥茧的分析（通过小前提到结论）得出原始命题后隐含的是什么。**这就是一个论证产生的过程。如下例：

每棵树都有根系。

门边的白杨是树。

所以，门边的白杨有根系。

结论的真实性已经包含在大前提中。论证只是把它形之于外。可以说，演绎论证是解析过程，因为它把普遍的事实还原成了它的组成部分。

归纳论证的前提则是一个由特称命题组合而成的系列证据。这些证据是得出一个关于它们共性的可信结论的基础。但是，是什么促使研究者为某个特别的现象努力搜集证据？是假设。假设是关于事物应该是什么样子或者可能是什么样子的科学推测。假设的灵感可能来源于某次偶然观察，它触动了你曾经的灵感，也可能是长期研究测算的结果。

举个关于归纳的简单例子。

让我们来设定一个人，亨利，生活在很久以前的一个贫困地区。他很喜欢狗，自己养了5只。一天，他的妹妹带着两个女儿来看他。两个女孩来到了一个新的环境，非常兴奋，想和几只狗迅速地熟悉起来。亨利把狗带到院子里，逐一点名。一个女孩抬起手去拍一只被点到名的狗的头，结果那只狗一惊，迅速地跑掉了。另一个女孩，首先把手伸到了那只狗的鼻子下面，让它嗅一嗅自己，然后，这只狗就任由女孩来拍它的头。“嗯，”亨利想，“很有意思。仅仅是巧合吗？”

他问他的两个外甥女是否愿意来做一个实验。两个女孩都很乐意。亨利告诉她们，他将逐一点余下的四只狗的名字，每人有两次机会。当狗被点到名的时候，女孩们第一次要先伸出手做出要拍它的样子，然后第二次则要先把手放在狗的鼻子下面。结果每个女孩都一样：在第一次时，狗都被吓跑了，而在第二次时，它们就表现得很驯服，愿意接受抚摸。经过简单的归纳，亨利得出了狗在哪些环境下会作出什么行为的实验性结论。

整个科学的帝国建立在归纳推理的基础上。科学家一直致力于收集零散的信息，以期能举一反三，推导出一般模式。一旦模式被探测到，一旦重复出现的规律性被记录到，可信的推测就有了坚实的土壤。如果我观测到，只要现象 Y 不发生，现象 X 就绝不会出现（假设我已经观

察了成千上万次的现象X），那么我可以合理推测，如果现象X明天会出现，那么现象Y一定会发生。归纳推理因此成为演绎推理的基础。

归纳推理的目的是对大量的事物作出可信的一般性结论（即有高度可能性）。如果可能，逐一检测特定范围内的所有成员，以此来确定是否每个成员都具备这个特征，这样得出的结论就是确定的。但是，这种做法基本上是不可能的（亨利不可能对世界上的每一只狗都做实验）。所以，研究者所要做的就是：**以整体中的某一部分为样本来做研究，以此来代表整体**。样本范围的大小决定了它的代表性。想要代表一个整体，你所取的样本必须足够多，多到你可以合理地认为它涵盖了整体中的所有情况。

18 评定论证

让我们来做个小结：**论证展现的是推理的核心——推理的过程；在最简单的形式里，它使我们从一个观点出**

发并接受另一个观点。在评定论证正确性的过程中，第一步要确定的是，我们所要评定的论证是否是一个真正的论证。换句话说就是，论证的两个基本要素——前提和结论，都体现出来了吗？有时，一个表面上看起来似乎是正确的论证，实际上根本找不到有效的支持证据，即使我们通过各种途径热烈地讨论过它。**只有证据充足的命题才可以得出结论**。一个缺乏证据的命题仅仅是一个观点，我们可以自由地选择接受或是不接受。

一旦确认我们面对的是一个真正的论证后，要立刻把目光投向前提。首先，最重要的问题是：前提是正确的吗？这个问题往往不能简单地用“是”或者“不是”来回答。在日常生活中，我们很可能会碰到前提部分为真的论证。通常，最具有迷惑性的论证往往具有真假参半的前提。这时我们要尤其注意语言的微妙性。

在我们确定前提的正确后，下一步就要检查前提与所要得出结论的相关性，然后确认论证结构合理与否。它是否能在前提和结论之间搭建起合乎逻辑的桥梁。如果论证的目的是推出随之而来的必然结论，而它实际上并没有做到，那么这个论证就失败了。而在目的是推出可能性结论的论证中，结论中事实的可靠性取决于论证中构成前提信息的可靠程度。

最后一步，论证的力量取决于它对客观规律的反映程度。好的论证来源于好的推理，论证和推理的目的都是为了我们能在现实世界中生活得更加自由自在。

19 构造一个论证

在构造一个论证时，首先要注意的还是老生常谈的两个要素：前提和结论。仅仅是命题，论证不会自动建立起来。在你的命题中，必须有一部分（前提）作为另一部分（结论）的支持信息。假设你很清楚你想得出什么样的观点（结论），我们先来看前提。问题是：这些前提可以支持你得出你要的结论吗？是必然的还是仅仅是高度可能的？你的前提必须符合两个标准：真实、有力。

前提的真实性

无疑，前提必须是真实的。只有有心欺骗的人才会刻意给出虚假的前提。但是要警惕，不是所有的时候正确与错误都能一眼看穿。一个前提或许是完全的正确，但却不是恰好的正确。如果你对论证中要使用的证据有任何一丝的怀疑，那么在使用前，请重新检查它。这对于得到事实真相具有极其重要的意义。**单个命题中包含的几个主张必须都是真实的，不能仅仅是部分真实**。

如果你在代表一个参议员候选人发表的演讲中提到："越南战争时，史蒂芬在海军服役，并荣获了紫心勋章。"不幸的是，一个具有强烈研究精神的记者发现，虽然史蒂芬确实曾在越南战争中服役，但他既不是海军战士，也没有获得紫心勋章，那么你的整个演讲都将受到质疑，当然这是应该的。

可能一个特称命题完全正确，但是表达方式导致它不能被听众轻易地接受。所以清晰的、合适的语言非常重要。例如，你想告诉一个老奶奶你是自由职业者，你说：“我是 soho 一族。”很可能她根本不明白你在说什么。

前提的力度

如我们所知，一个真实的前提并不能保证它对所要证明的结论直接有效。**给予结论最大限度的直接支持的前提才是相关前提**。如果有几个前提同时支持一个结论，你也完全没有必要强制自己全部用上。它们对结论的支持程度是不同的。要剔除相关度弱的前提，否则它们会分散对相关度强的前提的关注。

一个论证中，即使几个前提的相关度都很强，都能有效支持结论，最好还是不要同时全部使用。限制前提的数量可以使你的论证重点突出，从而给人留下更深刻的印象。另一个要注意的地方是：某些前提可能会对某些特殊的听众有不同寻常的意义。所以，在面对这些观众时，这些前提就该是你要使用的。

最后一个需要注意的问题是个由来已久的忠告：了

解你的听众。关于这个问题，你最好记住，虽然逻辑学是一门科学，但它同样是一门艺术。一个论证有双重的目的：得出正确的结论，说服听众接受。为了成功做到后者，在论证时，我们必须选择适合于听众的方式。这就是逻辑学艺术性的由来。

> 历史使人明智，诗词使人灵秀，数学使人周密，自然哲学使人深刻，伦理使人庄重，逻辑修辞学使人善辩。
>
> **培根**
> 英国哲学家

BEING LOGICAL

A Guide to Good Thinking

第4章 非逻辑思维的根源

推理中的错误可能仅仅是个意外，或者说得更严肃点，是粗心的结果。如果要追根究底的话，它们可能是态度不端的产物，或者正是它们自身的某些缺陷导致了非逻辑思维的产生。在这一章中，我们来纵览一些容易滋生非逻辑思维的态度和观点，目的是形成自觉避免它们的习惯，使我们的思维合乎逻辑。

逻辑并不满足于断言。它毫不理会权威的见解、众人的成见，更不理会死人的迷信。

英格索尔
美国律师

01 怀疑论

在推理过程中，怀疑的存在是合理的，但是我们应该有选择地利用它。我们要区分怀疑论的两种态度：一是将怀疑永久化，这是我们要极力避免的；二是在特定的情况下，将怀疑作为一种适当的、必要的态度。在确实存在疑点的情况下，我们当然要质疑。选择性怀疑就是要在我们已经拿到有效证据的情况下，合理地质疑。例如，当我们面对一个前提存有争议的论证时，都应该感到难以接受。这种有益的怀疑，是作出正确推理的防护网。

但是，如果把怀疑作为一个长久的态度，从心理学的角度来说，是极度危险的。它在开始推理之前就已经设下障碍，扭曲推理的正确进程。这种态度的怀疑论，表现形式有两种，其中一种尤为极端，但是两种都祸害无穷。**极端怀疑论者**宣称世界上根本没有所谓的真相。这明显是自相矛盾的结论，因为如果这世界上没有真相，就无法对上述命题加以判断，由此这个结论根本就是无根之花。**中度怀疑论者**勉强承认这个世界上或许有真相存在，但是他坚持，即使真相存在，人类也没有能力探知它。初看起来，和极端怀疑论者相比，这个结论似乎给了真相一席之地，但事实上并非如此。真相如果只存在于理论上，不能通过实践去检验，那它还是不存在的。

如我在本书开端所讲的，逻辑本质上是关于真相的。如果真相只是一个我们永远可望而不可即的幻影，那逻辑就不值一提。因为如果是那样，所有推理的总和其意义也抵不过一个无用的实践。

02 逃避性不可知论

不可知论者是这样一种人，他们永远宣称没有足够的证据可以对某个事物作出确定的判断。这种情形通常与宗教信仰有关系。一个无神论者宣称世界上根本没有神，而一个不可知论者则声称他不知道这个世界上是否有神存在。并不仅仅在宗教上，一个不可知论者有可能在任何问题上都持不可知的态度。怀疑论者和不可知论者之间有显著的差别。**不可知论者既不否定真相的存在也不认为它可望而不可即。他们坚持人们对任何确定事物的真相都所知甚少**。

正如怀疑论一样，不可知论在有效推理中也有一席之地。当我们承认自己的无知时，我们就是一个诚实的不可知论者。如果我们对某个事物所知有限，不能作出确定的判断，那就应该尊重事实。否则我们所给的结论就是不负责任的。而逃避性不可知论者将某些可以规避的无知同样视为是不可逾越的。即使在对一个事物做了长久深入的调查后，他仍旧会说“我不知道”。这与你根本没有付出任何努力时所说的“我不知道”是有本质区别的。秉持逃避性不可知论的人，无知对于他们来说，更像是借口而非理由。这样的无知是懒惰和漠视的结果。

03 玩世不恭和盲目乐观主义

玩世不恭者习惯在证据不足的情况下，对事物作出悲观的预计，而盲目乐观主义者则恰恰相反。这两种情形都不合逻辑。玩世不恭者和盲目乐观主义者都形成了偏见（这个词来源于拉丁文 praejudicare，意为预先判定），因为他们在深入了解事物并对其做认真分析之前，已经作出了自己的判断。为了辩白，玩世不恭者会假设：（1）要辩论的问题是荒谬的；（2）他的对手很愚蠢；（3）辩论本身不能带来任何好处。玩世不恭带来的问题，除了内在的不合逻辑外，还阻碍了我们探究真相的可能性，将悲观的预测变成自我实现的预言。

一个盲目乐观主义者，在和一位初次见面的年轻女士相处一个小时后，得出如下结论：她有着荷马史诗中海伦的美貌、居里夫人的智慧和戴安娜王妃的优雅。盲目乐观主义除了能给我们一个扭曲的美丽现状之外，还将给我们未来以无尽的失望。因为事实总是不如想象中那么完美。无论是玩世不恭者还是盲目乐观主义者，他们对所处的世界都没有正确的认识。他们眼中的世界不是世界本身，而是一个自己想当然的世界。

04 眼界狭窄

BEING LOGICAL
A Guide to Good Thinking

你们学校的校长夫人在足球场上丢失了一枚贵重的珍珠耳环，你奉命去找它。但你事先已经武断地决定，只寻找足球场中央区域 10 米以内的范围。通过这种主观缩小搜寻范围的方式，你彻底放弃了耳环可能存在的 90% 的区域，而你能找到它的概率也随之下降。

我们说，逻辑、正确推理的意义在于发现真相。在被发现之前，事物真相存在的确定地点我们是不知道的。所以，我们一定要预先解放自己的思想，探寻真相存在的各种可能性。如果仅仅是限定搜寻的范围，这算不上眼界狭窄，因为限定范围是避免做无用功的实际需要。一个眼界狭窄的人，他拒绝某些选择仅仅是因为这些选择偏离了他的预先设想，所以他认为不值得去探寻。这种限制缺乏理性的基础，换句话说，眼界狭窄实际上是在削弱推理过程的有效性。但有些时候，过于开放地接受一切的态度在理性思维上可能会错得更离谱。

切斯特顿通过研究尖锐地指出，开放的思想就像是张开的嘴，最终会在某事上封闭。合理的开放并不意味着在任何事情上都无原则地接受。**推卸应该承担的责任是道德沦丧，而忍受一切则会使一切都变得没有意义**。并且从纯实践的观点来看，探寻真相的过程要求我们合理地设定研究范围，以便节省时间和精力。

05 情感和论证

有一个不需要从课本上学习的心理学常识是这样的：**情绪越紧张，清晰思维、冷静行动的难度就越大**。一个暴怒的人不可能成为理性的模范。在辩论中，我们必须使论证远离情绪的影响。但要成功做到这点很难。事实上，即使我们成功了，也不见得会是一件好事。但是我们需要注意的是，如果在任何情况下都任由情感做主，那么思维的清晰性将被削弱。

人类天生是情感动物，把我们的情感完全剥离出来，即便是短暂的，进行纯粹理性的论证也是不现实的。虽然一些古代的哲学家认为情感与理智分别寄居于体内不同的领地，彼此征战交锋，但实际上这两者居于同一片领地，至少在理想状态下，它们应该可以融洽相处。思想，即便是最纯净的思想，也不可能完全脱离情感的浸染。因为每个思想都是人这种天生的情感动物构思出来的。

这是不可回避的事实，所以不要试图将情感完全排除在外。促使人们作出合理论证的是智力因素，是思想和它们彼此的关联，情感暗示并不能左右它。一个结论并不因为我们觉得美好就可以被接受，我们接受它是因为我们认为它是正确的，是必须接受的。大家一定要记住以下这个简单的基本原则：**永远不要直接调动人们的情感，要努力使人们自己发现真相**。只有真相，才值得人们为之欢呼雀跃。

06 推理的原因

推理本身无所谓善恶。它的目的可能是好的，也可能是坏的。历史上一些声名狼藉的罪犯拥有高度完美的逻辑思维能力，通过逻辑思维他们的行动始终与其预先设想的保持一致。

问题是，他们的预先设想本身是错的。在这本小书中，我们一直在贯彻一种观点，即逻辑并不仅仅是正确的推理过程。如果一个人的思维起点本身是扭曲的（即不反映物质世界的客观规律），那么即使推理做到了和他的思维保持统一，同样是不合逻辑的。要始终牢记这一点：**合乎逻辑是要合乎真相**。除了探寻真相，任何其他目的的推理都是对逻辑的滥用。这个结论中体现的理想非常高尚，虽然人类的奋斗史并不总是如此高尚。但是理想终究是理想，永远值得追求。

有时论证会在情感的引导下变成宣泄愤怒的途径，或者是自我辩白的借口，甚至仅仅是自我膨胀的工具。由此，偶发事件取代了真相。理想的辩论，输赢并不是双方真正的目的，从正反双方的努力中，发现所辩论事物中蕴涵的真相才是双方最终的目的。为了胜利不惜一切代价？“不惜一切”本身就是没有任何人可以负担的代价。

07 论证不是争吵

论证是理性的探讨，不要将它和争吵混为一谈。论证的目的是发现真相，争吵的目的是击败你的对手。有许多人，虽然他们愿意和你争吵，但却不愿意或者没能力和你进行论证。不要浪费时间和精力与这种人争论。

08 真诚的局限性

真诚是正确推理的必要条件，但不是充分条件。如果你对自己公然提倡、极力辩护的观点都不信服，那么你就是在滥用推理。谁愿意和对自己观点都不认同的对手辩论？更让人无法忍受的是，在你为自己深信不疑的某事和对手做了长时间激情四溢的辩论后，忽然发现你的对手仅仅是出于对辩论本身的热爱，而不是出于对观点的坚持才和你针锋相对时，你又有何感受？但是，只有多愁善感的人才会相信真诚本身就已足够。实际上，绝对真诚可能会带来错误。或许你绝对真诚，但同时也绝对错误。真诚不能将谬误变成真相。人要真诚，然而人更要学会正确推理。

09 常识

逻辑，生于常识，但又高于常识。逻辑思维的出现以及对非逻辑思维的避免，都根植于常识的某一面。常识是对日常生活中显而易见的事物的敏锐洞悉。它以可靠的辨别力为标志，以语言作为首要的揭示事物的方式，不欺瞒，将语言的作用定位于表达而不是炫耀。常识更接近本源，服务于推理的基本原则。它是被亚里士多德定义的“理性的动物”所共享的普遍意识。

当人们动脑筋工作时，逻辑是个伟大的工具。当人们进入冥想或者心不在焉时，意识不再发挥作用。因为意识不是人本身——它就像人的手脚，仅仅是个工具。

佚名
世界古宗教研究者

BEING LOGICAL

A Guide to Good Thinking

第5章 非逻辑思维的主要形式

从理论上来说，推理走上歧途的方式数不胜数，但是，推理中常见的错误可以归纳为几个典型的类别。错误的推理形式总称为“谬误”。最基本的谬误形式有两种，形式谬误和非形式谬误。“形式谬误”，顾名思义，问题出现在形式上，或是论证结构上。“非形式谬误”则说的是形式谬误之外的各种逻辑错误。本章将重点讨论这两类主要的谬误。

逻辑学：一门关于思想和推理的艺术，逻辑能力的高低与误解产生的概率成反比。

安布鲁斯·比尔斯
美国记者，短篇小说家

一个想拥有高效逻辑思维的人可能会认为：熟悉错误推理的方式是没有积极意义的，甚至会产生背道而驰的结论。其实，这种观点是错误的。正确推理无疑是第一位的，然而，学习推理中可能出现的错误对我们来说具有双重意义：（1）它将使我们对正确推理有更深入的了解，使我们的思维更加敏捷，从而使我们更加坚定地遵循正确的路径；（2）在我们面对错误推理时，它将保证我们不受误导。

非常重要的一点是，错误推理通常很有迷惑性，有时甚至比正确推理听起来更为合理。这非常危险，要特别加以注意。对此现象的主要解释是：**错误推理通常以直接作用于人的情感的方式来战胜正确推理**。

01 否定前件

在讨论条件论证时（形式为 A → B），我们知道有两种有效的形式：肯定前件和否定后件。

与此相对应的，无效形式也有两种，第一种就是否定前件。这种论证的形式如下：

> A → B
>
> −A
>
> 所以，−B

举例如下：

> 如果路易斯在跑步，那么他在移动。
>
> 路易斯没有跑步。
>
> 所以，他没有移动。

分析：我们可以很明显地看出，路易斯没有跑步不是他没有移动的充分条件。大前提告诉我们的是，如果 A 实现，则 B 必然实现（路易斯没有移动则必然没有跑步）。但是，这不意味着 A 是可以导致 B 的唯一条件（路易斯在移动可以是因为他在走路，或者在睡梦中翻身，或者是在跳舞机上跳舞）。就是这样，仅仅是 A 的缺席并不能得出 B 一定缺席的结论。记住，这是一个无效论证，因为结论并不具备必然性。那么结论可能是正确的吗？可能，但是不能确定。

02 肯定后件

条件论证的另一种无效形式称为肯定后件。形式如下：

A → B

B

所以，A

举例如下：

如果路易斯在跑步，那么他在移动。

路易斯在移动。

所以，他在跑步。

分析：首先我们可以看出结论不成立。为什么不成立？让我们回头来看大前提。它告诉我们，为了某个随之而来的特定结论（路易斯移动），某个特定的条件（路易斯跑步）必须满足。依据原来所讲过的论证，这个命题并不是说只有这个条件成立，才能得到所要的结论。因此，如果结论已经成立（路易斯移动），我们不能得出特定条件（路易斯跑步）就是唯一可解释的结论。除了跑步，还有其他许多途径可以使路易斯移动。重申一遍，这种情况下得出的结论可能是正确的，但不是必然正确的。

03 中项不周延

在讨论三段论时，我们知道中项（出现在前提中但不出现在结论中）必须至少有一次是全称的（周延的），因为它要有适当的范围来联结大前提和小前提。如若不然，就会产生中项不周延谬误。通俗一些讲，可以称之为“牵连犯罪”。针对后一点，我们来看下面的例子：

几个纳粹党人是恺撒俱乐部的成员。

汉斯是恺撒俱乐部的成员。

所以，汉斯是纳粹党人。

分析：这是个错误推理，并不能因为汉斯是俱乐部的成员，而俱乐部里有几个纳粹党人，就得出汉斯也是纳粹党人的结论。这种情况下，汉斯是有嫌疑的，但这并不是说我们就可以把自己的猜测作为真相来宣布。

04 偷换概念

多义词或多义字，顾名思义，肯定不只有一个意思。多义词带来的潜在问题是模糊不清。如果我们在无意之中语言指代不明时，无疑将产生谬误。谬误同时产生于当我们以欺骗为目的、故意使用多义词时。

在讨论三段论时，我们知道要使论证有效，它必须且只能有三项。创造一个只包含三项的论证看起来似乎很容易，因为你所要做的只是把握项的数量。但是，如果论证中某个项在使用时存在多种不同的含义，错误就变得难以发现。这个论证用符号表示如下：

M—P

S—M

S—P

但是由于其中一个项M，可以有两种不同的理解方式，那么这个论证实际上包含了4个项，因此是无效的。让我们用符号来表示这个多义项，该错误就能看得很明显。

M—P

S—Q

S—P

我们来看如下例子：

鬼是迷信的人所说的人死后的灵魂。

他心里有鬼，所以目光闪躲。

所以，他心里有人死后的灵魂。

分析：在这里，“鬼”这个词包含了两个不同的含义。在小前提中，它被引申为不光明的事物。含糊其词并不一定都是恶意的。通常，这么做只是为了带来幽默的效果。

分析以下论证，这个例子中多义词的应用更微妙。

关爱他人是利他主义的标志。

唐璜是个“博爱者”。

所以，他是个利他主义者。

分析：这里的问题出在“爱”上，这个词的含义太过模糊，太多的事情都可以归属于它。大前提给了一个合理的、容易接受的、关于爱的解释。它反映了传统的关于爱的定义，即乐于对别人友善。而另一方面，小前提给我们的关于爱的理解更粗俗。当我们说“唐璜是个‘博爱者’”时，实际上是在说，他是个花花公子，这和利他主义者是完全不同的两回事。

结论显然不成立，因为唐璜的爱与利他主义者的爱根本不是同一个事物。唐璜和利他主义者之间无法建立联系，因为没有一个起到联结作用的中项。**一个建立在多义词基础上的前提，结论一定是不成立的。**

关爱他人是利他主义的标志。

唐璜是个花花公子。

很明显，这两者没有相通之处。不论是有意的还是无意的，多义词的不同词义之间往往是有联系的。如果你要公正地就某一点进行辩论，首先请给你所要辩论的观点一个明确的定义，并且在整个辩论中始终如一地坚持它。

05 窃取论题

我们都知道，一个论证背后的基本目的是证明一个论点。论证者的任务就是要提供可以证明结论的确凿证据。所以，窃取论题谬误是一个非常致命的错误，因为它试图避过整个论证的过程。犯这种错误的论述，表面上看是一个论证，但实际上不是。

造成这种谬误的原因是缺乏为结论提供充足支持的真实前提。**这种谬误的重要标志是：把有待证明的观点当作不证自明的前提条件**。来看如下例子：

因为雪莉在撒谎，

所以，雪莉是个撒谎者。

乍一看，这似乎是个正确的论证，结论明确，第一个命题是第二个的前提。但是，如果我们观察第一个命题的内容，就会发现，它本身就是对结论的重复，只是换了个说法。两个命题只是表达方式不同，没有内容上的差别。所以，这是个窃取论题谬误，前提没有为结论提供任何实质性的证明。我们来看一个更复杂的例子：

所有在桌边的人都刮了脸。

吉姆在桌边。

所以，吉姆刮了脸。

同样的，表面看来，这个论述的结论是想证明某些东西是正确的，但实际上并非如此。让我们回过来看看，第一个命题具有所有大前提的标志，但是它的正确性是以结论的正确性为前提的。如果我不是预先知道吉姆刮了脸，那么我就不能确定所有在桌边的人都刮了脸。所以，结论所陈述的只是我们已知的事实。这里没有真正的推论。

窃取论题谬误的一种表现形式是循环论证，有时也称为“恶性循环”。这一类谬误的要点如下：首先，命题 A 被作为另一个命题 B 的前提条件；然后，过程被反过来，最初的前提 A 现在变为结论，而最初的结论 B 则变为前提。我们来看下面的论证（我将为论述做上标记以便大家可以清楚地看到反转的过程）：

A）因为人的命运是注定的，

B）他们缺乏自由的愿望。

然后，几页之后，我们又读到：

B）根据人类缺乏自由愿望的事实，

A）所以他们的行为是被注定的。

如果这两个论证前后相连地放在一起，它们的循环性就会很容易看出来。所以夹在它们中间的很多内容是故意放进去的，以便将其岔开很远，以期读者在读到第二个论证的时候，已经忘记了第一个论证的内容。

06 虚假假设

假设某物的正确性不经过推理就可以确定，实际上这本身无可厚非。为了推理过程的进行，我们必须假设一些事情是真的。如果推理过程成功，往往可以证明我们事先假设为真的事物确实为真。**评判假设的一个基本标准是：命题不能违反矛盾律**。换句话说，它不能自相矛盾。

但是，假设必须小心谨慎。虚假假设可以被证明是假的，因为事实完全与之对立。如果一个论证以一个错误的假设开始，那么它必将以一个错误的结论结束。

还有另外一种对论证起反作用的虚假假设，只是其作用方式不是那么直接。在论证中，如果你假设你的听众在某方面具备相应的知识，但实际上他们没有，那么他们接受你的结论的能力将明显地降低。经验之谈：**尽可能地少用假设**。

07 稻草人谬误

论证中，我们要对事不对人，要紧扣论证中给定的论点。在与他人辩论的过程中，如果你为了削弱对方的论点而故意扭曲其论证过程，那就犯了稻草人谬误。在这个比喻中，“稻草人”意味着容易对付的事物。在我们误解某个论证时，或是当一些论证非常复杂，我们在理解上犯了一些无意的错误时，我们犯的并不是这种谬误。稻草人谬误不是无心之过，因为它是在有意歪曲别人的论点。

08 误用传统

传统是业已建立的处理事情的一种方式。好的传统是值得继承并发扬光大的。作为一个整体来说，传统经验可以被视为一套日积月累的先例总和。“以前事情都是这样处理”的事实并不能成为强制后来者遵循老方法的充分理由。到底采取什么方法完全取决于目前的实际情况。**习惯会对我们的生活产生重大影响，如果不分析实际上是否值得就遵循习惯做事，我们就会成为习惯的奴隶**。在评价前人的经验时，我们关注的焦点应该是经验本身，而不是它的历史。

但是，对于传统，我们还可能犯另一种相反的错误。如果将历史悠久作为坚持传统的唯一原因是不合逻辑的，那么将历史悠久作为拒绝传统的唯一理由同样也不合逻辑。这种错误背后所反映的态度是某些人所坚持的，他们认为只有新的才是有价值的，只有变化才是唯一永恒的。经验不会因为它背后的历史而变得一无是处。实际上，传统经验的生命力完全取决于它本身的价值。

09 以暴易暴

直观上，我们认为两个错误的命题可以得到一个正确的结论。事实上，两个错误带来的仍旧是两个错误的命题而已。我们所讨论的这个谬误，可以用如下最简单的方式表示：“因为______已经完成，所以现在应该做______。”这些空格的选项可以是人类的任何行为，从善意举止到丑恶罪行。

这个论证的推理有赖于如下假设：先例独立决定未来的行为。**实际上，先例不能为未来的行为提供有效的支持，已经完成的行为只有历史意义**。在决定先例是否有借鉴意义时，我们的关注点应该是事物本身的性质。

这是再明显不过的道理。然而一旦谬误出现，接下来人们都将拜倒在非理性之下，以至于非理性的推理和行为是如此显而易见。历史的篇章写满了这种谬误的例子，而且常常以最宏伟的规模出现。

“他们先做了，所以我们应该以牙还牙。”但是，如果他们所做的是错的，我们的行为就成了一种报复，双方都是错的也不能使这种行为立刻变成对的。

10 民主谬误

在一个社会中，大多数人对某个特定的事物秉持同一种观点是个有趣的心理学现象，但是没有将事物的真实与否考虑进去。大多数人也不绝对代表着正确。当然，也可能是正确的。民主谬误是说，如果大多数人都认为命题X是正确的，那么我们可以就此得出结论说X是正确的。

如果社会上大多数人认为白就是黑，黑就是白，这个社会就是黑白不分的。尽管某物是黑还是白不是主观的看法，而是客观的事实。如前面所说，我们必须承认，在情感方面，民主谬误是很有说服力的。如许多历史事件所证明的，当民众黑白不分的时候，为坚持真理而站在民众的对立面是件很艰难的事情。

11 对人不对事

重申一下论证中的一个重要原则：**在论证中，我们要关注的是论证本身，而不是作出论证的人**。如果一个人忽略论证本身而故意去攻击论证者，那么他就违反了这个原则。所谓的对人不对事，就是在与他人辩论时，通过向公众传达关于对手的与论证无关的信息，例如对手生活中的负面信息，以此来达到击败对手的目的。这种谬误制造者的目的是转移听众对论证的注意力，这种情形通常是由于论证者本人处于劣势。

如果论证的目的仅仅是获胜，对人不对事谬误将会有效地发挥作用。它可以使听众以与论证毫不相关的理由来反对你的对手，而你则可以用同样的理由来取悦听众。它造成的结果是，你可以庆祝你战胜了对手，但这恰恰是你所没有做到的——至少在逻辑上是这样。你的胜利并非源于观点的价值，而是源于你扰乱视听的能力。

12 压制理性

理想的论证是通过证据使人们认识到某些事物是真的。一个真正的论证者只会运用推理本身的理性的力量。

当然，你也可以诉诸暴力而不是用推理来说服他人。人们可以因为被强迫而做一些不愿去做的事情，但是，他们不能被强迫去想一些他们不愿去想的事情。真相不能以强制的方式传播。在论证中，高压政策的背后永远隐藏着危机。防民之口，甚于防川。人们只有在自由思考的时候才能接受什么是真，也只有在独立判断的时候才能确定什么是真。

13 滥用专家意见

专家是某个特定领域的权威。在论证中，去向相关领域的专家请教是合情合理的做法。但是在向专家请教时，一定要保持警惕。我们来看以下论证：

> 史密斯教授说项目 A 很好。
>
> 琼斯教授说项目 A 很好。
>
> 约翰教授说项目 A 很好。
>
> 所以，我们应该接受项目 A。

让我们假设这三个教授都是项目 A 相关领域内真正的专家，即他们的资质和项目是相关的。可是我们更深入地来想一下，没有任何一个教授告诉我们为什么他会认为项目 A 是好的。教授们没有论证。这个项目会被接受仅仅是因为他们这么说。

但是，占据主导地位的应该是论证本身，而不是专家的话。上例中的论证远远不能让人信服，因为除了专家的话之外，什么都没有提供给我们。如果我们仅仅满足于专家的话，那么本质上就是：“不要问任何问题，按照我们的话去做。”

专家的主要意见，要结合他秉持这种意见的理由，只有在这种情况下，我们得到的才不仅仅是他的意见。

正如我们要检验自己的主张是否与事实相符一样，在论证中所用的专家意见同样要经过检验。这个世界上有太多自以为是的专家。检验的标准不是他们在说什么，而是他们是如何通过论证来得到它的。

无须强调，一个专家只有在其已经建立威信的领域内所作的主张，才是值得我们关注的。这个显而易见的观点仍要被提及，是因为很多时候它会被忽略。一个仅仅因为音乐成就而闻名于世的音乐家，就经济或是全球变暖问题所提的观点没有权威性。

14 质的量化

我们通常希望用量化的数值来表示一个物体的“质”，

因为数值可以直观地表达实际效益，但是我们同时要注意它的局限性。比如热是一种质，我们想要衡量它，需要通过温度、湿度、风力等可以被测量的因素来表达。

假设昨天报道的最高温度是 39℃，其他诸如湿度、风力等各有读数。再假设今天的温度和湿度都高于昨天，而且没有风。但是由于其他一些原因，今天并不感觉比昨天热。由于组成热的因素中，有几个的数值今天高于昨天，所以大家可能会猜测今天会比昨天热，但是这种推测只能建立在质可以完美地被量化的基础上。但事实并非如此，我的感觉与温度计读数的大相径庭就可以反映出这一点。

从最严格的意义上讲，根本没有质可以被量化，因为如果质可以完美地用量来表示，那么量和质之间界限的基础就将消失。我们根据光波的波长来定义蓝色，但是当我们看到蓝色时，我们看到的不是光波，只是蓝色。我们对于数字的体验不等同于对数字背后物体的质的体验。我们在纵容一种关于精度的假象，似乎只要物体的质被量化了，我们就能更好地了解它。

很多重要的事物都不能定量衡量，或许我们可以说最重要的事物都不能。例如爱、美丽、善良、公正、自由、和平等。我们如何衡量它们？它们有多重？速度是多少？成本几角几分？试图将不需要量化的事物进行量化是对它们的亵渎。

15 以出身论英雄

BEING LOGICAL
A Guide to Good Thinking

现在假设你是一家声誉卓著的公司的人事经理。作为工作的一部分，你对全国著名的大学和学院知之甚多，并且对毕业生的基本情况了如指掌。尤其，你知道 X 学院在这个领域声名狼藉。目前，你的公司一个重要的职位正在招聘。在浏览候选人资料时，你看到一个 X 学院的毕业生彼得，于是，你立刻决定拒绝他进入下一轮面试，仅仅是因为他所毕业的学校。这个时刻，你已经产生了谬误。

不是说你的决定完全不合理。毕竟，以你对 X 学院的了解，彼得或许确实不是一名合适的人选。但是，这不是必然的。一颗闪亮的新星是可能出自类似 X 学院的学校的。你所犯谬误的根源如下：知道一个来源一般是坏的，于是认定出于这个来源的所有事物都一定是坏的。这并不必然成立。

考虑我们所考察的人或事的背景肯定是必要的，但是，我们必须走得更远。首先我们要问：彼得从哪里来？紧接着，更关键的问题是：他的品质如何？

16 止于分析

因为人类天生是分析性动物，喜欢分解事物，即使不在物理结构上，也会在精神上分解，以便完全了解它们。但是分解只能针对合成的事物，而且仅仅分解是不够的，我们还要能把它们重新组合成整体。

BEING LOGICAL
A Guide to Good Thinking

爱德华喜欢拆卸汽车。他可以把任何款式的汽车拆开，但是不能把它们重新组装起来上路行驶。通过这点，我们可以自信地得出结论：实际上爱德华对汽车的了解并没有那么多。他可以分解汽车，但不能组合。

分析的目的，并不是简单地知道事物是由哪些部分组成的，而是要弄清楚这些组成部分是如何相互联系、相互作用，最终组成一个整体的。用数学术语来说，就是整体大于部分的总和。如果你已经充分了解事物的本质，那么将分解的时钟零件相应组合起来，仍将是时钟。

17 简化主义

如前所述，一个整体大于其组成部分的总和。例如，人的身体可以根据化学元素被分解，但是如果声称人的身体等同于一堆化学元素，那将是对最简单的推理的盲从，是向简化主义谬误屈服。

这种谬误发生于我们选择性地只对整体的一部分加以关注之时。例如，当我们只把注意力放在一个人的缺点上，并因此认为我们已经完全了解这个人的本质时，这个谬误就正在发挥作用。

18 分类错误

如果人类天生是分析性动物，那么人类同时也天生是分类性动物。我们将一个事物放入某个和它有某种共同点的一个大类中，以此来加深对事物的了解（你应该记得，这是逻辑定义的第一步）。对事物进行错误的分类，例如把苹果当成橙子，可能会带来严重的后果。在图书馆里，一本书的错误分类可能导致你几年的遍寻未果。将事物归入错误的类别是因为我们最开始就没有正确认识它们，而没有正确认识的原因是我们散漫的态度。

19 混淆视听

我们讨论过几种意图使我们遗漏真正论点的谬误形式，它们通常以转移我们对目前事物注意力的方式发挥作用。正如我们在对人不对事谬误中所看到的，通过提供与论证毫无关系的爆炸性情感信息来攻击对手。混淆视听提供了这种策略的另一种样本：故意提出一些无关的情感信息来分散对方的注意力。这种谬误有两个特点：（1）它直接诉诸情感，而不是推理；（2）它所提供的信息与所要进行的论证毫不相关。

路易斯和劳伦斯都是化学家，他们正因是否应该将一种新型化肥投向市场的问题在公司的一个部门内争论，而最近这个部门员工的加薪申请已被管理层内部否决。路易斯——新型化肥的开发者，强烈主张这种产品应该尽快投向市场。但是，他感觉他在辩论中的表现并不尽如人意。事实上，反方劳伦斯看起来将取得胜利。绝望中，他宣布了最近加薪被拒的消息。结果，混乱出现了，辩论立刻被终止。在此，加薪被拒这个消息无疑是用来混淆视听的。

20 以笑饰非

当不能对某个论证作出合理反应时，我们会用这种策略，假装这个问题不值得严肃对待，仅仅是个可以一笑而过的问题。使人们嘲笑某个论证是反对它的强有力的途径，但是，这种方式对论证本身的价值没有任何影响。如果辩论者不能使听众嘲笑论证本身，他可能会试图将他的对手作为笑料，将听众的注意力转移到一些无关主题的事情上，例如，演讲中对手的口吃等，以此来回避他所不能取胜的辩题。

当然，确实存在不恰当的可笑的论证，它们受到大家的嘲笑是应该的。但是，即使在这种情况下，花点时间来说明为什么这个论证是失败的，同样好过简单地嘲笑论证本身。

21 以泪掩过

除了可以运用嘲笑策略外，我们同样可以通过博取听众同情的方式来达到同一个目的。这种谬误通过精心设计的情感爆炸来模糊论题。

论证经常遭遇情感方面的问题。当遇到这种问题时，很重要的一点是，一定要付出比平常更多的努力来控制情感。强烈的情感和清晰的思维是成反比的，一旦情感超过一定界限，引导论证正确进行的概率就随之归零。

这种谬误发生的表现为，故意忽略或者低估手头上的问题，只是把焦点放在论证的外围问题或者是无关的问题上，通过这样来直接影响听众的情感，试图赢得他们的同情。

BEING LOGICAL
A Guide to Good Thinking

假设我受邀出席一个地方的集会，要发表对教育业增加税收问题的意见。我本身是非常反对的。一旦站在演讲台上，我就罔顾大会的首要目的，把所有时间都花在向听众展示，在学生时代，本地教育系统给我造成了多少无法挽回的悲哀与悔恨上。通过这种转移注意力的方法，我成功地赢得了听众情感上的支持，赢得了大家对增加税收无形的反对。

22 无力反驳不算证明

没有强有力的证据反对论证，并不能因此证明该论证为真。不能仅仅因为你不能证明我是错的，就说我的观点是对的。我们来看如下例子：

威廉博士： 我们并不是宇宙中唯一的生物。我坚持认为在广阔的宇宙中有其他生物的存在。

伯德博士： 你有证据吗？

威廉博士： 我没有。但是，你有证据可以证明宇宙中没有其他生物吗？

伯德博士： 我也没有。

威廉博士： 哈哈，这就证明我的观点是正确的。

分析：威廉博士试图过早地结束一个还没有定论的问题。虽然双方都没有证据来证明宇宙中是否有其他的生物，但是对方缺乏证据并不能成为己方观点成立的证据。

23 两难陷阱

英语中的进退两难（dilemma）来自希腊语的两个单词，翻译过来就是“两种可能”的意思。生活中，确实存在“或者”的情况，就是说，有且仅有两个选项可供我们选择。相对的，也存在很多可供我们选择的情况。

这里我所说的两难陷阱发生在这种情况下：当问题实际上有很多选项时，我试图说服你只有两种。这里的进退两难是假象，因为它是对真实情况的扭曲反映。

这种谬误试图对听众造成情况紧急的假象，强迫他们在假象制造者所给的选项中作出选择。当两个选项都没有特别的吸引力时，这种紧迫感的制造尤为重要。假设我给你两个选项 A 和 B。我希望你选择 A。于是我说：“A

确实不是个令人愉快的选择，但是唯一的可供选项 B，将会更加糟糕。你当然更不想那样。”

24 以先后论因果

我们这里所要讨论的这种谬误，从拉丁语直接翻译过来就是“发生在其后，故因其所致”（或许你会注意到，这个谚语本身就是个微型论证）。这种谬误源自粗心。在因果关系中，原因总是先于结果发生，所以大家会有“发生在结果之前的就是原因”的错觉。但实际上因果之间是有一定的时间差异的。首先，我点燃了炸药包的引线（原因），然后经过一段时间的燃烧，最后产生了惊天动地的爆炸（结果）。当事件 A 发生后，紧接着事件 B 也发生了，所以我们认定，A 是引起 B 的唯一原因，A 导致 B。这种仅仅以发生的先后来断定因果关系的做法就是以先后论因果谬误。

BEING LOGICAL
A Guide to Good Thinking

一个具有哲学思想倾向的原始人，有一天，他突然注意到，鸟儿总是在太阳升起之前歌唱。由此，他高兴地得出结论：是鸟儿的歌唱导致了每天都有日出。他犯的就是以先后论因果谬误。

一件事恰巧出现在另一件事之前，这并不足以断定它们之间必然有因果关系。我们需要更多的信息来判断。如果我们只能得到这么多信息，那么我们能得出的最好结论是，先发生的事情可能是后发生事情的原因。如果我们的原始人的哲学思想可以走得更远一些，他就会发现：鸟儿歌唱然后太阳升起，并不能得出鸟儿歌唱导致太阳升起的结论。

25 情感误导

当我们选择性地忽略一些与我们的信仰相抵触的重要信息时，我们就犯了情感误导谬误。这样导致的结果就是对所讨论问题的严重扭曲。

BEING LOGICAL
A Guide to Good Thinking

假设我在写一部关于我的母校——X 大学的历史。我热爱我的母校，我将在校园的日子视为我一生中最美好的时光。我想在我的作品中证明我的母校是全国最好的大学之一。但是，研究得越深入，我越发现母校过去的历史并不是那么令人满意。我不改初衷，所以在写作的时候，我决定剔除母校历史上所有的负面新闻，只反映它光辉的一面。于是，我就犯了情感误导谬误，我在书中所描绘的 X 大学的面目已经被严重扭曲。

26 功利误导

效果不能单独确定一个行为的价值。当我们仅仅注重于一个方面对想要得到的结果的作用，而不考虑其他方面时，我们就犯了功利误导谬误。仅仅看到目标是不够的，但那往往是我们关注的全部。问题是：我们是如何达到目标的?

当我们利欲熏心，为达目的不择手段时，就犯了功利误导谬误。操纵这种谬误的态度是：只要我成功了，如何取得成功并不重要。

27 避免结论

人们的推理是有目的的：我们发现问题，研究其解决之道。我们通过论证得出结论，论证的前提是得出结论的基础。如我们所知，前提必须符合论证。如果我们由无效的证据（弱前提）直接跳到结论，论证将不是必然的。

结论是必然要达到的。论证——人类推理的语言学称谓，是以目标为导向的。如果我们论证的目的只是为了使自己听到自己在说什么，那么这是将论证庸俗化了。认识到有些问题目前在我们认知能力范围以外，暂时无法解决是一回事，但是接受这样永远无法给出定论的问题则完全是另外一回事。这是在用推理来破坏推理的内在目的。

28 简化推理

有时我们受简单化的驱使，黑白不分，那是因为生活的复杂性淹没了我们。但是，通过对复杂现实的简单扭曲来达到简化的目的同样是不合逻辑的反应。过分简化的结果往往是扭曲现实。

有些听众将其接受能力局限在自己想听的东西之内，另一些人只喜欢简单的答案，这往往是愤世嫉俗者的特点。不要告诉听众他们想听到的，要告诉他们真实的，不要对他们假言欺骗。无论现实是光明的，还是黑暗的，或者是灰色的，都要实话实说。可能听众不能立刻欣赏你的坦白，但是在经过长时间的历练之后，他们会发现，他们必须面对的只能是现实。

同正确推理一样，错误推理也是可能的，这个事实是构建逻辑学实践论的基础。

查尔斯·桑德斯·皮尔斯
美国哲学家、逻辑学家

后记

避免错误推理的陷阱固然重要，但我们还是应该花更多的精力来领会逻辑思维的正确原则，毕竟这是有效思考的前提条件，也是日常生活的行动起点。逻辑之所以还是一门艺术，就是因为它与人们的常识紧密相连，人们能运用逻辑思维来解决生活中的各种问题。在日常的工作和生活中，需要运用逻辑思维的场合无所不在。我们从来就不缺乏欣赏逻辑这门艺术的机会，所以永远也不要抱怨在生活中你的逻辑能力无用武之地。

逻辑之艺术并非天外来客，它是人类生活中行动与思考的核心所在。古希腊诗人品达曾大声疾呼："找到你自己！"他这句话的意思是说人们应该"完整地活着"。如果说"合乎逻辑地活着"不能与"完整地活着"相等同的话，它至少也是其中的一部分，一个极其重要的部分。

译者后记

生活中，逻辑无处不在。无论我们是有意还是无意，逻辑学无时无刻不在服务于我们的生活。然而逻辑学到底是什么，也许并没有太多的人有很清楚的概念。对门外汉或是初学者来说，本书都可提供切实的帮助。

这是本小书。之所以说它小，第一是因为它确实不厚，与市面上长篇宏论的大部头相比，它确实很小；第二是因为阅读本书并不需要太多的专业知识，可读性很强。其内容并不艰难晦涩，作者尽可能采用最直白的语言来讲解逻辑学的基本原理、产生谬误的原因以及谬误的形式等基础的逻辑学知识。

诚如作者所言，这本小书并不是一本刻板的教条书，更不是在研究高深的逻辑学难题，而是一本指导实践的小书。本书作者始终在努力达到一个目标，就是通过这本小书培养出实践者，而不是理论家。

或许你会在阅读时发现本书的内容太过简单，但就是这些最基本的原理基石支撑起了逻辑学这座宏伟的大厦。在你认为问题简单的时候，请思考一下：生活中，你是否都在遵循这些简单的原理，用正确的语言，做正确的判断和论证。理论联系实际，懂得原理而不知道应用，等于入宝山而空手归。如果你可以将所看到的知识记在心中，应用于实践，使之成为你行动的指引，做事的本能，那么这本书的目的就已经达到了。简约而不简单！希望你在读完这本书后，可以和我有同样的感觉。

译者才疏学浅，翻译过程中难免有错误出现，请广大读者朋友不吝指正。在这里要特别感谢宋琳琳、郑燕琛、徐杨和李德满，他们的支持与宝贵意见让我受益匪浅！

未来，属于终身学习者

我们正在亲历前所未有的变革——互联网改变了信息传递的方式，指数级技术快速发展并颠覆商业世界，人工智能正在侵占越来越多的人类领地。

面对这些变化，我们需要问自己：未来需要什么样的人才？

答案是，成为终身学习者。终身学习意味着具备全面的知识结构、强大的逻辑思考能力和敏锐的感知力。这是一套能够在不断变化中随时重建、更新认知体系的能力。阅读，无疑是帮助我们整合这些能力的最佳途径。

在充满不确定性的时代，答案并不总是简单地出现在书本之中。"读万卷书"不仅要亲自阅读、广泛阅读，也需要我们深入探索好书的内部世界，让知识不再局限于书本之中。

湛庐阅读 App：与最聪明的人共同进化

我们现在推出全新的湛庐阅读 App，它将成为您在书本之外，践行终身学习的场所。

- 不用考虑"读什么"。这里汇集了湛庐所有纸质书、电子书、有声书和各种阅读服务。
- 可以学习"怎么读"。我们提供包括课程、精读班和讲书在内的全方位阅读解决方案。
- 谁来领读？您能最先了解到作者、译者、专家等大咖的前沿洞见，他们是高质量思想的源泉。
- 与谁共读？您将加入到优秀的读者和终身学习者的行列，他们对阅读和学习具有持久的热情和源源不断的动力。

在湛庐阅读 App 首页，编辑为您精选了经典书目和优质音视频内容，每天早、中、晚更新，满足您不间断的阅读需求。

【特别专题】【主题书单】【人物特写】等原创专栏，提供专业、深度的解读和选书参考，回应社会议题，是您了解湛庐近千位重要作者思想的独家渠道。

在每本图书的详情页，您将通过深度导读栏目【专家视点】【深度访谈】和【书评】读懂、读透一本好书。

通过这个不设限的学习平台，您在任何时间、任何地点都能获得有价值的思想，并通过阅读实现终身学习。我们邀您共建一个与最聪明的人共同进化的社区，使其成为先进思想交汇的聚集地，这正是我们的使命和价值所在。

浙江省版权局图字：11-2023-146

图书在版编目（CIP）数据

简单的逻辑学 / (美) D.Q. 麦克伦尼著 ; 赵明燕译
. -- 杭州 : 浙江科学技术出版社 , 2023.5（2025.8重印）
ISBN 978-7-5739-0594-9

Ⅰ. ①简… Ⅱ. ①D… ②赵… Ⅲ. ①逻辑学—基本知识 Ⅳ. ①B81

中国国家版本馆 CIP 数据核字 (2023) 第 075710 号

书　　名	简单的逻辑学
著　　者	[美] D.Q.麦克伦尼
译　　者	赵明燕

出版发行	浙江科学技术出版社
	地址：杭州市环城北路177号　　邮政编码：310006
	办公室电话：0571-85176593
	销售部电话：0571-85062597
	E-mail:zkpress@zkpress.com
印　　刷	唐山富达印务有限公司

开　　本	880mm ×1230mm 1/32	印　　张	5.75
字　　数	107 千字		
版　　次	2023 年 5 月第 1 版	印　　次	2025 年 8 月第 8 次印刷
书　　号	ISBN 978-7-5739-0594-9	定　　价	69.90 元

责任编辑	刘雯静	**责任美编**	金　晖
责任校对	张　宁	**责任印务**	田　文